国家社科基金项目资助出版（17BKS021）

迈向共同富裕探索与实践

MAIXIANG GONGTONG FUYU TANSUO YU SHIJIAN

王 琳 著

中国计划出版社
北 京

图书在版编目（CIP）数据

迈向共同富裕 ：探索与实践 / 王琳著. -- 北京 ：
中国计划出版社，2022.11
ISBN 978-7-5182-1470-9

Ⅰ. ①迈… Ⅱ. ①王… Ⅲ. ①共同富裕—研究—中国
Ⅳ. ①F124.7

中国版本图书馆CIP数据核字(2022)第120228号

策划编辑：朱　冰
责任编辑：康媛媛　　封面设计：思梵·星尚
责任校对：王　巍　　责任印制：李　晨　王亚军

中国计划出版社出版发行
网址：www.jhpress.com
地址：北京市西城区木樨地北里甲11号国宏大厦C座3层
邮政编码：100038　电话：（010）63906433（发行部）
北京虎彩文化传播有限公司印刷

787mm×1092mm　1/16　13.25印张　182千字
2022年11月第1版　2022年11月第1次印刷

定价：68.00元

前 言

共同富裕是马克思主义的基本目标，为最终建立一个没有压迫、没有剥削、人人平等、人人自由的理想社会指明了方向。马克思、恩格斯在《共产党宣言》中指出："无产阶级的运动是绝大多数人的、为绝大多数人谋利益的独立的运动。"随着生产力的发展和社会财富的增长，未来社会"足以保证每个人的一切合理的需要在越来越大的程度上得到满足"。共产主义社会将彻底消除工农之间、城乡之间、脑力劳动和体力劳动之间的对立和差别，实行各尽所能、按需分配，实现每个人自由而全面的发展，真正实现"生产将以所有的人富裕为目的"。

共同富裕是千百年来中国人民孜孜以求的追寻目标，为探索人人关爱、物尽其用、安居乐业的大同社会指明了道路。大同社会作为我国古代政治上的最高理想，代表着人类对未来社会的美好憧憬。近代以来，从洪秀全《天朝田亩制度》"无处不均匀，无人不饱暖"的改革，到康有为《大同书》对世界大同的憧憬，再到孙中山天下为公的"大同主义"，都反映出中华民族对"人人平等、共同富裕、天下大同"可歌可泣的努力和不屈不挠的追寻。

共同富裕是社会主义的本质要求，也是中国式现代化的重要特征，为中国共产党带领全体人民创造美好生活提供了动力。作为无产阶级政党，中国共产党始终以马克思主义为指导，坚持共产主义理想和社会主义信念。毛泽东将共同富裕看成是社会主义经济发展的必然结果，为实现共同富裕目标进行长期艰难的探索。邓小平在南方谈话中指出：“社会主义的本质，是解放生产力，发展生产力，消灭剥削，消除两极分化，最终达到共同富裕。”明确了逐步达到共同富裕是社会主义发展的目标。江泽民立足于“一个中心，三个着眼于”，发展了中国特色社会主义。胡锦涛提出“科学发展观”重大战略思想，为新时期共同富裕目标的实现指明了方向。党的十八大以来，习近平总书记多次提到：“消除贫困、改善民生、实现共同富裕，是社会主义的本质要求。”“中国式现代化是全体人民共同富裕的现代化”明确了在中国共产党领导下，走中国式现代化的共同富裕之路。

本书通过梳理共同富裕的理论渊源与中国共产党人对共同富裕的探索，明确了共同富裕的内涵和指标体系，结合当前存在的现实问题，提出我国迈向共同富裕面临的挑战，通过借鉴世界主要国家缩小贫富差距的实践经验，为我国探索迈向共同富裕的实现路径提供借鉴。

第一章为共同富裕的理论渊源。一是西方空想社会主义中的共同富裕思想，即西方托马斯·莫尔、托马斯·康帕内拉、傅立叶、罗伯特·欧文等空想社会主义者设想的没有剥削、没有压迫，人人劳动、共同富裕的理想社会中的共同富裕思想；二是马克思主义经典作家的共同富裕思想，即马克思、恩格斯、列宁、斯大林观点中蕴含的共同富裕思想，并分析其共同富裕思想对我国共同富裕理论发挥的作用；三是中国传统文化中的共同富裕思想，从物质和精神两个层面，对中国古代思想中蕴含的共同富裕元素进行梳理。

第二章为中国共产党人对共同富裕的探索。新中国成立后，中国共产党人在探索中国社会主义建设道路中逐步形成并完善了共同富裕理论。以毛泽东为核心的党的第一代中央领导集体重视人民群众生活水平的提高，将共同富裕看成社会主义经济发展的必然结果，进行了艰难的探索和实践。以邓小平为核心的党的第二代中央领导集体提出效率优先、兼顾公平是实现共同富裕的基础，强调解放和发展生产力，并论述了实现共同富裕的制度基础、方法途径、保障条件；以江泽民为核心的党的第三代中央领导集体明确提出实现共同富裕要以“三个代表”重要思想为指导，论述了实现共同富裕的目标任务、方法途径、可靠保障；进入新世纪，以胡锦涛同志为总书记的党中央提出实现共同富裕要以科学发展观为指导，必须更加注重社会公平，并完善了对实现共同富裕的根本保证、具体途径、保障条件的论述。党的十八大以来，以习近平同志为核心的党中央深入研究发展中面临的新情况和新问题，围绕实现全体人民共同富裕的目标，推动共同富裕理论和实践新发展，对实现共同富裕的重要阶段、价值引领、发展理念、必要途径、重要举措和国际合作进行深入实践。

第三章为共同富裕的内涵和指标体系。党的十八大以来，习近平总书记关于共同富裕的重要论述为共同富裕注入新的内涵。共同富裕既是全民富裕，也是物质和精神的富裕，既是全面富裕，也是逐步地、共建共享的富裕。本着客观性、系统性、可行性原则，本书围绕经济高质量发展、人民生活富足、公共服务普惠三方面，构建出我国迈向共同富裕的指标体系。

第四章为迈向共同富裕面临的挑战。“十四五”时期，我国发展不平衡不充分问题仍然突出，城乡区域发展和收入分配差距较大，全国各地整体实现共同富裕的基础和条件各不相同，迈向共同富裕的道路上存在收入分配差距持续存在、基本公共服务发展不均衡、社会保障体系不健全、中等收入群体比重较低、精神文明建设水平亟待提高等问题，迈向共同富裕过程中依然面临严峻的挑战。

第五章为世界主要国家缩小贫富差距的实践经验与教训。贫富差距是制约当代经济和社会发展的普遍问题，本书选取英国、日本、美国为代表的世界主要发达国家，巴西、智利为代表的南美洲主要发展中国家，丹麦、瑞典为代表的北欧高福利国家在缩小贫富差距中的实践经验和具体做法，希望能够为我国缩小贫富差距、实现共同富裕提供参考。

第六章为共享发展理念下迈向共同富裕的路径探索。共享发展是马克思主义中国化的重要理论成果，也是促进社会公平正义、实现共同富裕的重要抓手。共享发展理念下迈向共同富裕，需要调动全体人民的积极性、主动性和创造性，坚持发展为了人民、发展依靠人民、发展成果由人民共享，不断促进社会公平正义的实现，深化收入分配制度改革，健全社会保障机制，使全体人民早日实现共同富裕。

第七章为迈向共同富裕的生动实践。共同富裕不仅有深厚的理论基础，实践中更形成许多生动鲜活的案例，涌现出以河南刘庄、贵州塘约为代表的在中国共产党领导下，走社会主义集体化道路、实现快速发展的村镇。2021年5月，《中共中央 国务院关于支持浙江高质量发展建设共同富裕示范区的意见》，选取浙江省作为我国高质量发展进行共同富裕建设的示范窗口，彰显了社会主义制度的优越性，为迈向共同富裕进行实践探索。

本书撰写过程中，课题组先后赴河南、贵州、浙江、山东、黑龙江等地调研，了解我国在迈向共同富裕过程中的实际情况，以及地方实践中一些好的做法与经验，获取了大量一手数据，在此对地方上的支持表示感谢。同时，课题组成员李珂珂、练宸希、谢阳阳、周正涛、郎珺荷等参与了部分章节的文字整理、数据分析、资料查找等工作，在此也表示感谢。

目　　录

第一章　共同富裕的理论渊源……1

第一节　空想社会主义思想家的共同富裕思想……1

第二节　马克思主义经典作家的共同富裕思想……7

第三节　中国传统文化中的共同富裕思想……15

第二章　中国共产党人对共同富裕的探索……26

第一节　社会主义革命和建设时期对共同富裕的探索……27

第二节　改革开放和社会主义现代化建设新时期对共同富裕的探索……36

第三节　中国特色社会主义新时代对共同富裕的探索……66

第三章　共同富裕的内涵和指标体系……74

第一节　共同富裕的内涵……74

第二节　共同富裕的指标体系……78

第四章　迈向共同富裕面临的挑战……95

第一节　收入分配差距持续存在……95

第二节　基本公共服务发展不均衡……99

第三节　社会保障体系不健全……101

第四节　中等收入群体比重较低 104
第五节　精神文明建设水平亟待提高 107

第五章　世界主要国家缩小贫富差距的实践经验与教训 110

第一节　世界主要发达国家缩小贫富差距的实践经验与教训 110
第二节　南美洲主要发展中国家缩小贫富差距的实践经验与教训 134
第三节　北欧高福利国家缩小贫富差距的历史经验与教训 142
第四节　世界主要国家缩小贫富差距的比较与借鉴 149

第六章　共享发展理念下迈向共同富裕的路径探索 155

第一节　促进共享发展的社会公平正义 155
第二节　深化共享发展的收入分配制度改革 159
第三节　健全共享发展的社会保障机制 163

第七章　迈向共同富裕的生动实践 170

第一节　迈向共同富裕的“刘庄模式” 170
第二节　脱贫致富的“塘约模式” 181
第三节　高质量发展迈向共同富裕的“浙江示范区” 193

第一章 共同富裕的理论渊源

共同富裕，是马克思主义的基本目标，是社会主义的本质特征，更是千百年来中国人民孜孜以求的追寻目标。共同富裕不仅是经济问题，而且是关系党的执政基础的重大政治问题，是马克思主义中国化的重大理论创新。共同富裕思想的形成，具有深厚的理论渊源，纵观古今，从西方空想社会主义思想家到马克思主义经典作家，从先秦时期的诸子百家到孙中山，都为共同富裕思想的形成提供了丰富的理论资源。

第一节 空想社会主义思想家的共同富裕思想

资本主义社会取代封建主义社会，是人类社会发展的进步，但是资本主义主张建立的所谓的自由、平等、民主的社会，只是富人的天堂。通过剥削压迫穷人，社会财富集中在少数人手中，而直接从事物质生产的广大劳动者，生活却依然贫困。这种赤裸裸的剥削与奴役，不断激起社会下层劳动者的反抗。这一时期的思想家们在批判和谴责资本主义罪恶，寻求解决社会问题出路时，设想出一个没有剥削、没有压迫、人人劳动、共同富裕的理想社会，称其为社会主义。在马克思和恩格斯创立的科学社会主义诞生前，人们对这种理想社会的追求已有几个世纪。空想社会主义思想家倡导的空想主义在欧洲传播了三个多世纪，主要代表人物有托马斯·莫尔、托马斯·康帕内拉、傅立叶、罗伯特·欧文等，他们所倡导的共同富裕思想就体现在对未来理想社会的描述之中。

一、托马斯·莫尔《乌托邦》中的共同富裕思想

托马斯·莫尔（1478—1535）是欧洲早期空想社会主义学说的创始人，是英国一名才华横溢的人文主义学者和阅历丰富的政治家。他生活在资本主义原始积累时期，其空想主义思想展现在其代表作《乌托邦》之中。《乌托邦》一书的全名是《关于最完美的国家制度和乌托邦新岛的既有益又有趣的全书》，写于1515年至1516年他出使欧洲期间，描述了一个虚构的航海家航行到奇异王国乌托邦的旅行见闻。“乌托邦”一词源于希腊文，意思是“乌有之乡”。莫尔用它来表示一个幸福和理想的国家，莫尔认为乌托邦存在于南半球的一个岛国，实行财产公有制，按需分配，人们在经济、政治等社会权力方面全部平等。公民个人没有任何私有财产，国家规定住房每十年调换一次，人们必须穿统一的工作服和公民装，在公共餐厅就餐，每人需要轮流到农村劳动两年，社会官吏由秘密投票的方式选举产生，职位不得世袭。居民每天劳动6个小时就能满足社会需要，其余时间从事科学、艺术、智慧游戏活动。没有商品货币关系，金银被用来制造便桶等溺器。乌托邦人奉行一夫一妻和宗教自由政策。莫尔结论非常明确，私有制乃万恶之源。私有制使“一切最好的东西都落到最坏的人手中，而其余的人都穷困不堪。只有完全废除私有制度，财富才能得到平均公正的分配，人类才能有福利”。①

莫尔在《乌托邦》中呈现了一幅美好的共同富裕画面，认为共同富裕只

① 毛勒堂.经济生活世界的意义追问：经济正义与和谐社会的构建.北京：人民出版社，2011：75.

能出现在像乌托邦这样封闭的国度中。书中所描述的乌托邦是一个与世隔绝的岛国，外人不经该国人领航，很难进入。也就是说，共同富裕的社会只能在乌托邦中才能实现，因此，只有全社会变成乌托邦才能实现共同富裕。同时，乌托邦内部废除了私有制，实行社会财富的公共所有制，且整个社会只能处于静止的、简单的循环状态。社会人口数量和结构都不会发生变化，社会经济没有增减，居民消费欲望在数量上处于静止状态，文化生活只认同自己国度的理念，不受外来影响与干扰。达到共同富裕的乌托邦必须物品富裕，什么也不缺。莫尔认为乌托邦中唯一缺少的物品是铁，其余什么都不缺，所有生产、生活资料除了能满足本国居民享用外，还有剩余，而剩余物品皆或送或廉价出售给别的国家，换回大量金银，日复一日，以致国内到处都是大量金银，多得难以置信。乌托邦中共同富裕的程度使人们失去了对物质财富追求的任何欲望，在乌托邦的理想国度中丝绸被看成贱品，黄金被认为是可耻的标志，任何物质的东西在人们面前都变得微不足道。

二、托马斯·康帕内拉《太阳城》中的共同富裕思想

托马斯·康帕内拉（1568—1639）是意大利文艺复兴时期的空想社会主义思想家，一生在思索改造社会的计划，寻找拯救人类的出路，幻想建立幸福社会。经过多年构思，康帕内拉在狱中完成了具有深远影响的空想主义名作《太阳城》。书中通过一名曾经见过太阳城的航海家与管理员的对话，描述了一个不为世人所知，按照不同于当时意大利和欧洲其他国家社会制度建立起来的新型理想社会。社会中没有私有财产，没有剥削，人人劳动，生产和消费由社会统一组织安排，产品按需分配，儿童由国家抚养教育。太阳城中的公社制度使城中的居民都成为富人，但同时又都是穷人。称其为富人，是因为城中的一切都归大家所有，称其为穷人，是因为每个人都没有任何私有财

产，所有财产都属于国家。因此，“不是他们为一切东西服务，而是一切东西为他们服务”。①

康帕内拉在《太阳城》中认为，要坚决反对私有制，主张实现以公有制为基础的理想社会，康帕内拉认为“财产公有是一种最好的制度”“放弃财产意味着爱的加强”“我们是财产的主人，而不是使用财产的主人，因为需要时一切都是公有的”。②人们共同劳动，平等生活。生产与生活都有统一的计划，需要按照计划展开。社会物资丰富，不缺少任何东西，且没有浪费。整个社会中实行有监督的按需分配制度。人们“从公社里得到所需要的东西，负责人员严密监视，不让任何人获取超过他所应得的东西”，③这种有监督的按需分配，实际上是一种平均主义的配给制度。

三、傅立叶理想社会中的共同富裕思想

弗朗斯瓦·沙利·傅立叶（1772—1837）是法国空想社会主义思想家。法国大革命后政权转到资产阶级手里，由于雅各宾派执政的失败，纸币贬值，商业投机盛行，各种负担和剥削的加强，使人民生活状况恶化。傅立叶通过自学，学习了丰富的自然科学和社会科学知识，先后发表《全世界和谐》《四种运动论》《新世界》等著作，揭露资本主义制度的罪恶，主张以其设计的“和谐制度”来代替资本主义制度。傅立叶认为现存的“文明制度”中，人与人之间是不协调的，人们间的“情欲”④受到压抑，不能正常满足。在“和谐

① 康帕内拉.太阳城.陈大维，黎思复，黎廷弼，译.北京：商务印书馆，1980：23.
② 康帕内拉.太阳城.陈大维，黎思复，黎廷弼，译.北京：商务印书馆，1980：74.
③ 康帕内拉.《太阳城》导读.吴向宇，梁明伟，导读.天津：天津人民出版社，2010：102.
④ 傅立叶认为人类情欲分为12种：5种感官情欲，即视觉、味觉、听觉、嗅觉、触觉；4种依恋情欲，即友谊、爱情、家庭、名利；3种分配的情欲，即创造、竞赛、追求多样化，这种情欲又派生出无数的情欲，支配着每个人，产生了无数多样化性格。

社会”中人们将联合起来共同劳动，共同生活，使人们“情欲”都得到满足，人们的爱好、才能和欲望才能自由发展，全体人民才能都得到幸福。傅立叶倡导的“和谐社会”被称为“法朗吉”[①]，由一个个有组织的合作社构成，是一种工农结合的社会基础组织。“法朗吉”一般由1 600人组成，内部人人劳动、男女平等、免费教育、工农结合，没有城乡差别，也没有脑力劳动和体力劳动的差别。傅立叶为“法朗吉”绘制了一套建筑蓝图，称为“法伦斯泰尔”，建筑中心区由食堂、商场、俱乐部、图书馆等构成，建筑中心的一侧为工厂区，另一侧为生活住宅区，“法朗吉”通过招股进行建设，收入按照劳动、资本和才能分配。傅立叶幻想通过这种社会组织形式和分配方案来调和资本与劳动的矛盾，从而达到人人幸福的和谐社会。

傅立叶构建的理想社会蕴含了一定的共同富裕元素，他认为在保留私有制和利润的前提下，需要实行有计划、有组织的生产、生活活动。用合作社的劳动竞赛替代资本主义竞争，满足“情欲”的劳动会提高“法朗吉”成员的劳动积极性，最终提高劳动效率。由于劳动者劳动效率提高，社会财富也必然丰富，为共同富裕提供保障。人们共同参加劳动、共同生活，收入共同分配给全体成员，同情和爱护的“情欲”就会发展起来，社会成员之间会逐渐形成共同富裕的感觉。

四、罗伯特·欧文理想社会中的共同富裕思想

罗伯特·欧文（1771—1858）是英国著名的空想社会主义思想家，与法国圣西门、傅立叶被称为西方三大空想社会主义思想家。欧文认为资本主义私有制是资本主义一切罪恶的根源，“私有财产或私有制，过去和现在都是人们

① 法朗吉（Phalange）：法文“法朗吉”原意指古希腊马其顿军队在作战时编成的方形排列。按照傅立叶的设计，和谐制度的基层组织平面图也是方形的，故把这种组织称为“法朗吉”。

所犯的无数罪行和所遭受的无数灾祸的原因”。[①]私有制使富人变得贪婪，把私有者的思想限制在只顾自己的狭隘范围内，使人们彼此隔阂，造成互相仇视和欺诈。

欧文的共同富裕思想集中体现在其设想的理想社会中，认为“合作公社”是理想社会的基层组织，公社规模大小以有利于生产为基本原则。“合作公社”建立在财产公有制基础上，在公社中，全体成员集体生产劳动，集体消费，实行按需分配，公社产品极为丰富，完全能够满足社员各种需求。欧文提出废除资本主义私有制，实行社会主义公有制的设想，认为社会全体成员都要参加集体生产劳动，人们劳动是愉快的，没有明确分工合作，劳动过程使用机器，劳动生产率很高，产品非常丰富。由于产品极为丰富，完全能够满足社员的各种需求，因此实行集体消费和劳动产品的按需分配，社员个人积蓄财富的欲望将会消失，公社中任何人都不会领取自己不需要的东西，公社内部处处呈现出共同富裕的美好景象。

西方空想社会主义思想家通过批判资本主义社会，设想了未来的理想社会，其相似性主要体现为生产资料实行公有制，全体公民共同劳动，社会生产有计划有组织进行，社会内部消灭了“三大差别”，产品极大丰富，实行按需分配的分配制度。这些设想中存在某些合理成分，但是空想社会主义思想家不了解资本主义雇佣制的本质和发展规律，对未来社会的设想是从“人类理性”“永恒正义”出发，而不是从分析资本主义生产方式和实质出发，因而他们的理论本末倒置，很难找到实现共同富裕目标的现实途径。另外，空想社会主义者生活的时代，是资本主义发展的上升时期，当时的法国还没有大机器工业，英国也没有完成工业革命，资本主义生产方式的发展还不够充分，资本主义基本矛盾还没有得到充分暴露，而那时的无产阶级刚从劳动群众中分

① 欧文．欧文选集：下卷．北京．商务印书馆，1965：13.

离出来，力量还比较弱小，没有能力领导独立的政治运动，这些都注定西方空想社会主义思想家的学说必然只能是一种空想，共同富裕的目标在那一时期根本无法实现。

第二节　马克思主义经典作家的共同富裕思想

马克思认为，社会主义之所以从根本上区别于资本主义，是因其具有比资本主义更高的生产力水平，创造出更多更丰富的物质和精神财富，这是代表先进生产力要求的“富裕”含义；要克服资本主义的两极分化和经济社会不平等，人们生活需要普遍富裕，但是又保持适度的富裕程度上的差别，只存在大富和小富的差异，不存在富和穷的区别，这是实现广大人民利益要求的“共同”含义。因此，实现“共同富裕”目标可以简单地表述为：共同富裕=消灭贫困+消除两极分化。消灭贫困意味着必须要大力发展生产力，注重社会经济效率的提高，创造更多的物质和精神财富；消除两极分化意味着必须实现合理分配，保证社会公平，即实现“共同富裕”必须要实现“经济效率”和“社会公平”的统一。

一、马克思和恩格斯的共同富裕思想

马克思和恩格斯认为社会主义社会的建立，必须经过无产阶级革命的过程，而无产阶级革命的最终目的是消灭私有制，建立共产主义社会，无产阶级只有在斗争中建立自己的政党，才能取得革命胜利，建立社会主义社会。马克思和恩格斯预测未来的共同富裕社会是共产主义社会，这一时期的社会生产力高度发达，消灭了私有制，实现了生产资料公有制，在满足全体社会

成员物质和精神方面合理要求的基础上实现人的全面发展。

马克思在《哥达纲领批判》中划分了未来共产主义社会的两个阶段，即共产主义社会第一阶段和共产主义社会高级阶段，并提出在共产主义社会第一阶段实行按劳分配，只有在共产主义社会高级阶段，才能对社会生产实行有计划的指导和调节，实现“各尽所能，按需分配”。[①]共同富裕需要消灭剥削、避免两极分化，实现劳动者为自己劳动。马克思认为，社会主义社会只是共产主义社会的第一阶段，因此，共同富裕目标不可能在共产主义社会第一阶段中得到完全实现，只有到了共产主义社会高级阶段才能实现共同富裕。马克思和恩格斯所认为的共同富裕并不是所有劳动者生活水平的均等化，不同的劳动者，其工作能力不相同，但是不同的个人，要用相同的方法尺度去计量，从同一角度去看“这个平等的权利”。[②]

实现共同富裕需要实行按劳分配。只有按劳分配才能将资本排除在分配标准之外，排除因为资本占有上的不同而形成的分配结果不同。尽管按劳分配也不能保证所有社会成员的生活水平完全一致，但由于发生在共同富裕前提之下，按劳分配所形成的社会成员生活水平差异的有限性，使得社会主义条件下实现共同富裕的途径必须是按劳分配。社会主义按劳分配只能是消除了剥削、避免两极分化的分配方式，是形式上的平等而不是事实上的平等。马克思和恩格斯认为，社会主义社会的按劳分配对于实现劳动者的共同富裕具有重要作用，只有实现按劳分配，才能将发展生产力与提高劳动者生活水平有机结合起来，体现社会主义公平，同时，按劳分配也是向共产主义社会实现按需分配的最好过渡。

实现共同富裕离不开生产资料公有制。马克思和恩格斯认为，社会主

---

① 马克思．哥达纲领批判//马克思，恩格斯．马克思恩格斯选集：第3卷．北京：人民出版社，1995：436.

② 中共中央马克思恩格斯列宁斯大林著作编译局．马克思恩格斯选集：第2卷．北京：人民出版社，1995：304.

义一切经济制度和政治制度的存在基础是社会主义生产资料公有制，共同富裕的实现以按劳分配为前提，而按劳分配又以生产资料公有制为前提，因此要实现共同富裕就必须依赖生产资料公有制，在实现生产资料公有制的前提下，社会主义社会还必须建立完备的社会主义民主政治，只有将社会主义一切经济和政治活动置于人民群众监督之下，才能避免因为政治权利差异导致分配结果的差异，通过按劳分配，实现共同富裕。同时，实现共同富裕需要雄厚的物质基础。马克思认为社会主义既是创造出比资本主义更高生产率、生产力得到极大解放和发展的社会，也是更加公平公正、实现共同富裕的社会。生产力的发展是实现共同富裕的物质前提，没有高水平的生产力和社会财富的大量积累，社会主义的其他目的就难以实现。恩格斯也指出，在社会主义条件下，“通过有计划地经营全部生产，使社会生产力及其成果不断增长，足以保证每个人的一切合理的需要在越来越大的程度上得到满足”[①]。

马克思和恩格斯的共同富裕思想给我国社会主义建设和发展提供了有益借鉴，具有较强的现实性和科学性，对于共同富裕的探索与发展具有重要的理论价值和指导作用。

马克思和恩格斯在批判资本主义剥削制度基础上，提出共同富裕是社会主义生产目的，认为资本主义生产目的是以资本家追求最大限度的剩余价值为特征，这必然会导致社会的两极分化现象。社会主义生产目的是实现全体社会成员的共同富裕，体现了社会主义生产关系的本质要求，与以生产资料私有制为基础的资本主义社会以追求利润和少数人发财致富为生产目的是根本不同的。只有在社会主义生产资料公有制条件下，才会最终满足社会及其全体人民的共同需要，共同富裕才能实现。按照马克思和恩格斯的科学预测，

① 中共中央马克思恩格斯列宁斯大林著作编译局. 马克思恩格斯选集：第3卷. 3版. 北京：人民出版社，2012：724.

在未来社会中“生产将以所有的人富裕为目的”。共产主义社会将彻底消除阶级之间、城乡之间、脑力劳动和体力劳动之间的对立和差别，实行各尽所能、按需分配，真正实现社会共享、实现每个人自由而全面的发展。

马克思和恩格斯从生产力和生产关系的角度，揭示了共同富裕必须建立在两个基础之上。一是生产力基础，即生产力的发展是实现共同富裕的物质前提，社会主义是生产力得到极大解放和发展的社会，也是更加公平公正、实现共同富裕的社会。没有高水平的生产力和社会财富的大量积累，共同富裕就是空中楼阁。二是生产关系基础，即未来社会的共同富裕必须建立在高度发达生产力基础上的生产资料公有制。只有当社会生产力发展到一定程度，并建立以生产资料公有制为基础的社会主义社会，才能真正消灭剥削，并消除由此产生的社会财富占有的不平等现象，提供生产力的增长和经济的发展，实现由按劳分配到按需分配，使共同富裕理论有了坚实的经济基础和制度基础。

马克思和恩格斯探讨了实现社会主义共同富裕的政治途径，即通过暴力革命建立无产阶级专政政权。实现社会主义的基本途径是进行社会主义革命，主要通过无产阶级推翻资产阶级的政治统治实现自己的历史使命，这也是实现共同富裕的基本前提。

马克思和恩格斯的共同富裕思想具有科学预见性。在缺乏实践的条件下，运用唯物辩证思想，从分析资本主义社会的发展趋势入手，对未来社会和共同富裕目标的实现做了科学预见，通过生产资料公有制和按劳分配进行分析论证，使共同富裕的构想建立在科学基础上。正如我国著名经济学家许涤新所说：“马克思和恩格斯都没有亲身经历共产主义第一阶段的经济实践，没有预见到这一阶段在相当长时期内还存在着商品经济。”因此，马克思和恩格斯不可能为我们提供在社会主义市场经济条件下实现共同富裕的具体途径及进程。但是，马克思和恩格斯所坚信的未来社会，一定是一个比资本主义更合理的社会，也是人类全面发展的、共同富裕的社会，他们的共同富裕思想具有一定的理论基础和实践基础，成为迈向共同富裕的重要理论渊源。

二、列宁的共同富裕思想

马克思和恩格斯把自己的毕生精力都投入到无产阶级解放事业中，为将来共同富裕社会的实现提供了宝贵的理论基础，提出了只有通过暴力革命才能建立无产阶级政权的构想，但是政权还没有建立，二人就先后离开人世，没来得及将自己的理论付诸实践。1917年，列宁带领俄国无产阶级进行了十月革命，建立起世界上第一个社会主义国家——苏联，使马克思和恩格斯的社会主义理论由理想变为现实。夺取政权后，列宁对苏联进行社会主义建设，对马克思和恩格斯的理论进行探索与尝试，尽管这种尝试最终未能取得成功，但列宁的共同富裕思想对于我国共同富裕道路的探索，仍然是一笔珍贵的财富。

列宁从共同富裕和社会主义的关系角度分析了社会主义的目的，认为社会主义最终目的是实现全体人民的共同富裕，明确了共同富裕在社会主义理论中的地位。列宁认为："要消灭人民贫穷的唯一方法，就是自下而上地改变全国的现存制度，建立社会主义制度，就是剥夺大地主的地产、厂主的工厂、银行家的货币资本，消灭他们的私有财产并把它转交给全国劳动人民……那时候，共同劳动的成果以及各种技术改良和使用机器带来的好处，都由全体劳动者、全体工人来享受。"①在《给农村贫民》一文中，列宁指出："我们要争取新的、美好的社会制度：在这个新的、美好的社会里不应该有穷有富，大家都应该做工。共同工作的成果不应该归一小撮富人享受，应该归全体劳

① 中共中央马克思恩格斯列宁斯大林著作编译局．列宁选集：第1卷．2版．北京：人民出版社，1972：400.

动者享受。”[①]

列宁从生产力发展水平和社会主义制度的关系角度论述了发展的重要性，认为只有不断促进生产力的发展，提高人民生活水平，才能实现全体人民的共同富裕；只有消灭剥削制度和私有制，建立起公有制的社会主义制度，才能让全体人民过上幸福、美好的富裕生活。列宁指出“劳动生产率，归根结底是保证新社会的制度胜利的最重要的东西”[②]，把生产力发展看成是社会进步的最高标准。同时，列宁将社会主义优越性与共同富裕联系起来，认为社会主义优越性就在于能够解放和发展社会生产力，成为实现共同富裕的物质条件和经济基础。列宁认为社会主义国家人民富裕程度具有一定的差异性，社会主义和资本主义在富裕程度、致富方法等方面具有很大区别，社会主义是在不掠夺他人劳动的情况下，通过不断发展生产力、公平合理的分配原则使人民共同富裕，而资本主义则靠掠夺他人的剩余价值使少数人暴富，却无法改变绝大多数人贫穷的事实。

列宁在坚持和继承马克思和恩格斯共同富裕思想的基础上，进一步探索了共同富裕思想，开始了共同富裕从理论到实践的探索过程[③]。然而，由于列宁逝世过早，领导苏联社会主义建设的时间不长，在共同富裕问题上没能进一步研究探讨和深入概括，没有将其发展成自己理论体系的一部分。

三、斯大林的共同富裕思想

十月革命以后，列宁建立了第一个社会主义国家——苏联，伴随着社会

① 中共中央马克思恩格斯列宁斯大林著作编译局. 列宁选集：第1卷. 2版. 北京：人民出版社，1972：391.

② 中共中央马克思恩格斯列宁斯大林著作编译局. 列宁选集：第4卷. 2版. 北京：人民出版社，1972：16.

③ 彭凌. 试论列宁、斯大林的共同富裕思想. 常州工学院学报：社会科学版，2008，26（3）：3.

主义制度的建立，面对经济文化落后的现实，斯大林在继承马克思、恩格斯和列宁共同富裕思想的基础上，开始研究苏联社会主义革命和建设过程中的共同富裕问题，以及在生产力基础比较薄弱的情况下，如何实现共产主义的问题。斯大林是苏联执政时间最长的最高领导人，他对苏联共同富裕道路的探索作出了重要的贡献。

斯大林坚定地认为社会主义社会应该比一切社会都要富裕，应当是共同富裕的社会。1933年2月，斯大林指出："如果我们诚实地劳动，为自己的集体农庄诚实地劳动，那么我们就能做到在短短两三年内把全体集体农庄庄员，不论是从前的贫农或从前的中农，提高到富裕农民的水平，提高到享有丰富产品并过着完全文明生活的人的水平。"[①]1934年1月，在苏联共产党（布）的十七大报告中，斯大林针对贫穷和富裕问题指出，社会主义不是要让大家贫困，社会主义的存在和发展是要消灭贫困，建立起富裕和文明的生活，让全体人民都能够享受到社会主义的好处，强调只有在社会生产力高度发展，生产和商品十分丰富，劳动者生活非常富裕，社会文化水平急速提高的情况下，才能建成社会主义。1935年11月，斯大林又提出把苏联建设成世界上"最富裕的社会"的口号，他提出俄国革命不仅给了人们自由，更给了人们享受富裕、有文化的生活的能力，这是世界上其他任何国家所不能给予的。在《苏联社会主义经济问题》一书中，斯大林提出社会主义基本经济规律，要在技术高度发达的基础上，使社会主义生产力不断增长和完善，来保证社会发展最大限度地满足社会经济增长的物质和文化需要。可以看出，社会主义的生产目的就是保证最大限度地满足社会经济增长的物质和文化需要，这个生产目的与共同富裕具有一致性，"社会主义生产不断增长和不断完善"成为实现共同富裕的手段。

---

① 斯大林. 斯大林选集：下卷. 北京：人民出版社，1979：323.

斯大林明确提出只有不断发展社会生产力，消灭私有制，建立公有制，才能实现共同富裕。他还指出社会主义不是贫困，而是要消灭贫困，使全体社会成员富裕起来，认为劳动生产率是战胜资本主义的根本性东西，“社会主义只有在高度的劳动生产率基础上，只有在比资本主义制度更高的劳动生产率基础上，只有在产品和各种消费品丰裕的基础上，只有在社会全体成员都过着富裕而有文化的生活的基础上，才能获得胜利”。[①]斯大林认为，只有社会主义才能使人民群众摆脱贫穷、获得幸福，肯定了社会主义是苏联人民摆脱贫穷，通向共同富裕的唯一道路。同时，斯大林提出了实现共同富裕的途径，认为要达到使人民共同富裕的目标，必须通过强制推行生产资料高度公有化，采取最集中最统一的计划经济手段，以推动生产力发展，必须坚持公有制和按劳分配制度，“只有公共的大生产才能充分利用科学成就和新技术”。[②]只有实行集体化，才能使广大农民摆脱贫困，建成社会主义经济，实现全体人民共同富裕。

斯大林把公有制等同于社会主义，把坚持公有制、按劳分配和实施计划经济等同于坚持社会主义，明确地提出和阐述了共同富裕思想，将实现全体人民共同富裕作为苏联的社会主义目标。因此，在实践中，斯大林一直都实行高度集权的社会主义体制，对内实行高度集中的社会主义公有制和按劳分配制度，优先重点发展重工业，形成一定特色的工业化战略发展思路，实行全盘集体化运动，以求建立实现共同富裕的强大物质基础和制度基础，希望短期内实现全体人民的共同富裕，[③]以体现社会主义制度的优越性。但是，由于斯大林坚守僵化的体制，没有能够找到一条可以真正促使社会主义解放生产力、发展生产力的根本途径，导致人民群众没能得到更多利益，使社会主义条件下共同富裕的优越性也没有很好发挥出来。

① 斯大林. 斯大林选集：下卷. 北京：人民出版社，1979：375.
② 斯大林. 斯大林选集：下卷. 北京：人民出版社，1979：155.
③ 吴学忠. 邓小平共同富裕思想的科学内涵及发展. 上海：华东师范大学，2003：7.

第三节　中国传统文化中的共同富裕思想

中国传统文化中的共同富裕思想源远流长。早在春秋、秦汉时期，就有代表太平盛世的“大同”思想。自此以后，仁人志士对理想社会的追求从未停止过。到了近代，理想社会的思想和理论逐渐完善并付诸实践。物质层面强调社会财富增加、关注社会财富分配、重视生产力的发展；精神层面关注民生、追寻理想社会、重视思想教化，物质富裕和精神富足成为迈向共同富裕的重要来源。

一、中国传统文化物质层面的共同富裕思想

水可载舟，亦可覆舟。人民是社会的风向标、政权的稳定器。拥有数千年农耕文明的中国，历代统治者高度关注百姓的作用，从富民、利民、务农方面实践着人民生活富裕的目标，从社会财富增加、社会财富分配、生产力的发展三方面改善民生。

（一）富民——强调社会财富增加

春秋时期，《管子·治国》开篇指出“凡治国之道，必先富民，民富而易治也，民贫则难治也。奚以知其然也？民富则安乡重家，安乡重家则敬上畏罪，敬上畏罪则易治也。民贫则危乡轻家，危乡轻家则敢凌上犯禁，凌上犯禁则难治也。故治国常富，而乱国常贫。是以善为国者，必先富民，然后治之”。管仲把“富民”当作治国之首，认为只有社会财富增加、百姓富裕，国家才能长治久安，反之，民贫则社会大乱。《管子·牧民·国颂》有言“仓廪

实，则知礼节；衣食足，则知荣辱”，认为只有衣食无忧，社会财富充足，百姓才会有精力关注礼节、荣辱等精神世界，社会的文明程度才会更高。《管子·牧民·四顺》提到“能富贵之，则民为之贫贱；能存安之，则民为之危坠”，只有使百姓富足、安存，才能得民心，实现其他治理。

孔子提出“足食”，主张“因民之所利而利之”，实行宽惠的经济政策，允许人民牟利取财，提倡统治者节用薄敛。《论语·颜渊》中有“百姓足，君孰与不足；百姓不足，君孰与足”的思想，主张民富先于国富，只有百姓富足，国家才会更加美好。为达到富民目的，孔子主张“开源、节流、惠民”，即“使民以时”“节用”“惠则足以使人”。

孟子同样关注民生，推崇减轻赋税以富民。其所生活的时代，农业税收分为布缕、粟米、力役之征三种。孟子提出“易其田畴，薄其税敛，民可使富也”，主张收十分之一、九分之一的农业税和采取单一税收形式，既在一定程度上保证了国用之需，又减轻了百姓税赋，确保了百姓手中持有一定的财产，取得了良好的社会效果。

东汉时期，王符认为富民乃治国之首要，“夫为国者以富民为本”，提出治国必须注重民生，满足民心、民欲，“帝以天为治，天以民为心，民之所欲，天必从之”，认为农工商皆为治生正道，只有本末之分，《潜夫论·务本》提到“夫富民者，以农桑为本，以游业为末；百工者，以致用为本，以巧饰为末，商贾者，以通货为本，以鬻奇为末；三者守本离末则民富，离本守末则民贫，贫则厄而忘善，富则乐而可教”。只有重本抑末，才能百姓富足、社会安康、民乐可教，如若本末倒置，必然导致百姓贫穷、社会动荡。

唐朝柳宗元在担任柳州刺史期间，夙夜为公，为老百姓做了大量的好事、实事，在一定程度上达到了富民的效果。韩愈在《柳州罗池庙碑》中赞美其功绩“柳侯为州，不鄙夷其民，动以礼法，三年，民各自矜奋”，柳侯在任期间，大修孔庙，百姓得到治理和教化，公家赋税无亏欠，流亡之人纷纷返乡；

百姓住有新房，步有新船，池塘园林清洁整齐，猪牛鸭鸡肥壮繁多；父子、夫妻、嫁娶葬送都各有条法，以至“柳民既皆悦喜”。

儒家认为义利对立，应当舍利取义。北宋李觏反对儒家这种“贵义而贱利”观点，认为圣贤之君和经济之人必须要先富国，使社会财富增多，即“贤圣之君，经济之士，必先富其国焉”，在他看来，礼、政、爱、威是建立在“财用”的物质基础上的，只有讲财利、先富国，国家才能实现礼、政、爱、威大治。

清朝唐甄提出“立国之道无他，惟在于富”。为了富民，唐甄提出许多创新性措施。将富民上升到一定高度，指出为政者以富民为功，国家政策以富民为核心，“其举事任职虽多，不过使不困穷而已”。他推行货币改革，主张“救今之民，当废银而用钱”，改变了货币数量不足、商品流通不畅的状态。提出农业为本，工商为末，但皆为发展之道，主张要“兴百业，谋发展”，促进各行业全面发展。

（二）利民——重视社会财富分配

春秋时期，齐国晏婴就非常关注社会贫富差距，重视财富分配。面对齐景公“古之圣君”准则的询问，晏婴回答道“其取财也，权有无，均贫富，不以养嗜欲”，认为景公应当根据每个人的负担能力，对穷人和富人合理地征收赋税。

管仲认为“夫民富则不可以禄使也，贫则不可以罚威也”，而“法令之不行，万民之不治”之因在于“贫富之不齐也”，因此管仲建议施行“定民之居”，实行国野分治，“叁其国而伍其鄙”，使士、农、工、商各就其职，以减小贫富差距，促进社会和谐稳定。

孔子认为财富分配不均会影响社会安定、政权稳定，即“丘也闻有国有家者，不患寡而患不均，不患贫而患不安”。财富平均便无贫穷，境内和平便不会觉得人少，境内安康，政权就不会倾危，即“盖均无贫，和无寡，安无倾”。

孟子主张人皆占有恒产，此恒产非彼恒产，特指直接生产者稳定地占有、使用、经营土地的权益，而非维护土地私有制度，本质是在关注社会财富的分配及持有。在《孟子·滕文公上》中，他指出恒产的重要性，即“民之为道也，有恒产者有恒心，无恒产者无恒心，苟无恒心，放辟邪侈，无不为已”。恒产关系到恒心，关系到社会稳定，只有人皆占有恒产，人心才能恒定，社会才会稳定和谐。

荀子认为财富分配与国家安危息息相关。为了达到富民、利民目的，荀子提出“开源节流论”和“节用裕民论”。荀子劝谏君主“故明主必谨养其和，节其流，开其源，而时斟酌焉，潢然使天下必有余而上不忧不足。如是则上下俱富，交无所藏之，是知国计之极也”。荀子认为“足国之道，节用裕民而善藏其余”，节用要靠礼，裕民要靠政，“裕民则民富，民富则田肥以易，田肥以易则出实百倍”，才能营造成良好的社会环境。在利民方面，荀子强调“以政裕民”，主张“轻田野之税，平关市之征，省商贾之数，罕兴力役，无夺农时”。

北宋王安石以“发展生产、富国强兵”为口号掀起一场以改变北宋积贫积弱政治局面的轰轰烈烈的改革运动。变法期间施行的“青苗法”“方田均税法”“募役法”等，在一定程度上增加了政府收入，减轻了农民负担，缓和了阶级矛盾。王安石推行“市易法”“均输法”，限制大商贾对市场的控制，“在东京设置市易务，出钱收购滞销货物，市场短缺时再卖出”“设立发运使，按照‘徙贵就贱，用近易远’的原则，统一收购和运输物资”，此类措施一经施行，成效明显，既稳定了物价，又增加了政府财政收入，还在一定程度上便利了百姓生活。

（三）务农——关注生产力的发展

《管子·牧民》提到，“务五谷则食足，养桑麻育六畜则民富”。管子认为明智君主须关注四时农事规律，重视农业生产力的发展，否则，将会出现“不务天时，则财不生；不务地利，则仓廪不盈”之景，因此建议当政者须“务在四时，守在仓廪”。

孔子认为统治者须重视农时，适应农业生产力发展的客观规律，让百姓按时生产，强调“因民之利而利之”。《吕氏春秋·上农》将农业生产与国家安危联系在一起，提出“古先圣王之所以导其民者，先务于农。民农非徒为地利也，贵其志也”，即表达了自古以来，农民便以土地之利为己之志，只有当君主重视农业生产、农民以农为本，社会少取私利现象才能大减，公法才能大立，境内才会和谐之意。

孟子注重农业生产，重视农业发展的客观规律。一方面，他认为农业生产自有规律。在面对梁惠王奋力救灾而人口无增的疑问时，认为其没有将救灾与农业生产相联系，因此上谏：“不违农时，谷不可胜食也。数罟不入洿池，鱼鳖不可胜食也。斧斤以时入山林，材木不可胜用也。谷与鱼鳖不可胜食，材木不可胜用，是使民养生丧死无憾也。”另一方面，孟子提倡“井田”生产模式。“井田”模式下的理想经济方案提倡发展生产、不违农时，重农而不抑商，农商全面发展，社会一片祥和。

《汉书·文帝纪》指出：“农，天下之大本也，民所恃以生也。而民或不务本而事末，故生不遂。”汉文帝继位时，国家财力严重不足，“一人耕之，十人食之”，为改变社会落后现状，汉文帝在国内大力推行“安民为本”“弛山泽之禁”等政策，坚持以农为本，大力开发农林牧副渔等自然资源，一定程度上促进了农副业生产、盐铁事业的发展，开启了历史上有名的“文景之治”。

东汉王符创新性提出关注“日力”[①]，注重农业生产力发展的客观规律。认为“国之所以为国，以有民也；民之所以为民者，以有谷也；谷之所以丰殖者，以有人功也；功之所以能建者，以日力也”，日力乃“民之本也而国之基”，为实现富民强国、政治清明，必须要关注日力，为民爱“日”“敬授民时”，不可“烦民”，让百姓有充足时间从事农业生产。

清朝唐甄重视农业生产，他认为“海内之才，无土不生，无人不生”，主张顺其自然，因地制宜，《潜书·富民》中提出只要“因其自然之力而无以扰之”，则“财不可胜用矣”。

二、中国传统文化精神层面的共同富裕思想

五千年华夏文明历史中，中国的仁人志士们虽然没有明确提出“共同富裕”的概念，却朝着这个方向不断探索，在追求物质方面富裕的同时，开始关注民生，从精神层面注重思想教化。

（一）关注民生，以民为本

孟子结合战国经验，总结出民心与国家兴亡的关系，提出“民为贵，社稷次之，君为轻”的主张，认为统治者只有注重保障民众的权益，才能得民心，进而得天下。但是由于我国古代将统治者称为“九五至尊”，人民被称为“庶民”“贱民”，与孟子所主张的思想截然不同，因此，其民贵君轻思想长期未得到重视，直至南宋时期，朱熹将《孟子》列入“四书”和“十三经”之一，《孟子》及其主张才被重视。

西汉贾谊总结秦朝灭亡的经验，提出“仁义不施、民心尽失”，提出以民

① 指百姓从事生产的时间。

为本的主张。贾谊认为“故夫民者，至贱而不可简也，至愚而不可欺也。故自古至于今，与民为仇者，有迟有速，而民必胜之，所以，民无不为本也，国以为本，君以为本”，提倡“爱民”，只有“以民为福”“以民为财”，将民生放在首位，做到解民忧、爱百姓，社会才能长治久安。

西晋傅玄重视民本思想，提倡“国以民为本”，认为民生与社会安康息息相关，“民富则安乡重家，敬上而从教；贫则危乡轻家，相聚而犯上，极寒切身，而不行非者寡矣”，统治者若想实现大治，须重视民生、关注民本，国内须施行兴修水利、公平役赋、“官民同耕”等措施。

唐朝魏征以隋为鉴，劝诫唐太宗关注民生，认为“君，舟也；人，水也。水能载舟，亦能覆舟”，表明民生的重要性。在君民关系方面，《谏太宗十思疏》提到“怨不在大，可畏惟人。载舟覆舟，所宜深慎”，并劝谏唐太宗重视君民关系。唐太宗虚心受谏，切实重民、利民，把民生放在战略地位，注意减轻百姓税赋，最终出现“贞观之治”之景。

明清时期，国内出现资本主义萌芽，产生一批新思想，较为突出的当属黄宗羲“天下为主，君为客”的思想，认为“天下之治乱，不在一姓之兴亡，而在万民之忧乐”，主张以“天下之法”取代皇帝的“一家之法”，从而限制君权，保证人民的基本权利。这种思想一定程度上反映了百姓的民主、公平诉求，冲击了封建专制统治，具有一定进步意义。

（二）追寻理想社会

五千年的历史长河中，中国劳动人民一直在为追求理想社会不断勾画蓝图，奋力抗争，为追求美好生活而努力。

孔子在《礼记·礼运》中描绘了理想中天下为公的“大同”和“小康”社会，称“大道之行也，天下为公，选贤举能，讲信修睦。故人不独亲其亲，不独子其子；使老有所终，壮有所用，幼有所长，鳏寡孤独废疾者皆有所养；

男有分，女有归。货恶其弃于地也，不必藏于己；力恶其不出于身也，不必为己。是故谋闭而不兴，盗窃乱贼而不作，故外护而不必。是谓大同”“今大道既隐，天下为家。各亲其亲，各子其子，货力为己。大人世及以为礼，城郭沟池以为固，礼义以为纪，以正君臣，以笃父子，以睦兄弟，以和夫妇，以设制度，以立田里，以贤勇知，以功为己……以著其义，以考其信，著有过，刑仁讲让，示民有偿。如有不由此者，在执者去，众以为殃。是谓小康”。

老子在《道德经》第八十章中同样表达了对理想社会的追求，“小国寡民，使有什伯之器而不用，使民重死而不远徙。虽有舟舆，无所乘之，虽有甲兵，无所陈之。使人复结绳而用之，甘其食，美其服，安其居，乐其俗。邻国相望，鸡犬之声相闻，民至老死不相往来”。

五斗米道传人张鲁创建了政教合一的地方政权，推行“五斗米道”，规定入教者需交米五斗；祭酒在路旁做义舍，内置米肉，供流民食用，与当今的社会保障不谋而合，既有利于社会稳定，又传播了平等、公平的思想。同时，五斗米道强调民众自省，既有利于教化民众，提高民众的自我自认和修养，又有利于维护社会稳定。

陶渊明在《桃花源记》中通过描述武陵人偶入桃花源的所见所闻，描绘出一幅“土地平旷，屋舍俨然，有良田美池桑竹之属。阡陌交通，鸡犬相闻。其中往来种作，男女衣着，悉如外人。黄发垂髫，并怡然自乐”的世外桃源景象，表达了对人人平等自由、幸福安康的美好生活的向往与追求。

东汉末年张角起义，以黄天为至上神，追求无剥削压迫、饥寒病灾、诈骗偷盗，人人自由幸福的太平世界，并将理想付诸行动，建立“太平道”、传播《太平经》、探索太平世界。提出“致太平”思想，劝人向善，以善道教化天下，以符水吞精救人治病，十余年间，教众达数十万人。受时代所限，这次起义被封建势力镇压，最终以失败而告终。

太平天国运动是近代农民反对帝国主义、反对封建统治的一次大规模运动，颁布的纲领性文件《天朝田亩制度》本着“凡天下田，天下人同耕”的原则，提倡“有田同耕，有饭同食，有衣同穿，有钱同使”，规定“凡田分九等”，男妇“好丑各一半”；同时，废除封建买卖婚姻，规定“凡天下婚姻，不论财”，一定程度上反映了农民对美好生活的追求，促进了平等、自由等思想的传播，有力地冲击了当时的封建统治。但是由于《天朝田亩制度》追求绝对的平均主义，具有一定空想主义色彩，受到当时阶级与时代的局限，这种“宏伟蓝图”并未能充分实现。

在近代反对外来侵略的过程中，资产阶级维新派主张以改良渐进的方式向资产阶级共和国过渡，康有为结合传统文化中的大同思想和欧洲空想社会主义、资产阶级民主主义及达尔文的进化论等理论，在《大同书》中描绘了“大同之世，天下为公，无有阶级，一切平等”的美好世界，既具有中国传统的理想社会特色，又带有西方空想社会主义色彩，具有一定进步意义。

以孙中山为代表的资产阶级革命派提出民族、民权、民生的“三民主义”，认为民生主义涉及土地与资本，只有解决好这两个问题，才能解决中国的民生问题，提倡“平均地权”“节制资本”“土地国有”。孙中山先生接触马克思主义后，对共产主义也有一定构想，认为共产主义的实现依靠民生主义，“共产主义是民生的理想，民生主义是共产的实行，所以两种主义没有什么分别，要分别的还是在方法……三民主义中的民生主义，大目的就是要众人能够共产”。孙中山先生对理想社会的构想虽然无法彻底解决当时中国的现实问题，具有一定阶级局限性和不彻底性，但是对于我国共同富裕道路的探索具有一定借鉴意义。

（三）注重思想教化

道家反对追求财富，强调知足常乐。老子认为“甚爱必大费，多藏必厚亡。知足不辱，知止不殆，可以长久”，告诫要“见素抱朴，少私寡欲”，现其本真，守其淳朴，减少私欲，认为财富不仅指物质富足，主观满足也是富足，正所谓“知足者富也”。

孔子注重富民与教民，提出“富而后教”，认为充裕的社会财富是实施礼乐教化的基础。当社会富足之时，百姓方能接受思想教育，做到“富而无骄”“富而好礼”，整个社会才会上下有序、其乐融融。孔子注重道德、人伦以及思想教化，在面对子游问孝时，答道“今之孝者，是谓能养。至于犬马，皆能有养。不敬，何以别乎？”

孟子强调司徒教化，认为人具有自己的生活通则，衣食满足而无教化的人近于禽兽，圣人对现有大众教化及其忧心，便使司徒教化大众，即“圣人有忧之，使契为司徒，教以人伦——父子有亲，君臣有义，夫妇有别，长幼有序，朋友有信”。

荀子主张“富而有教”，认为衣食富足是调养百姓性情的前提，而教化则是提高百姓素质的前提，即“不富无以养民情，不教无以理民性”，强调“化性起伪”、注重礼仪教育，“立大学，设庠序，修六礼，明十教，所以道之也”，希望百姓自觉遵“礼”，富而有教。

墨子主张“兼爱”“非攻”“尚贤”，注重思想教化，能够站在百姓立场，试图通过改变百姓的伦理道德、思想观念来改变世界，认为只要“使天下人兼相爱，爱人犹爱其身”，就会“国与国不相攻，家与家不相乱，盗贼无有，君臣父子皆能孝”，提倡“有力者疾以助人，有财者勉以分人，有道者劝以教人”。此外，他认为在社会分工中，人皆平等，有才能者方可任职，主张“官无常贵，而民无终贱，有能则举之”。

《汉书·董仲舒传》明确指出教化的重要性，“夫万民之从利也，如水之走下，不以教化提防之，不能止也”，并告诫统治者“古之王者明于此，是故南面而治天下，莫不以教化为大务，立太学以教于国，设庠序以化于邑，渐民以仁，摩民以谊，节民以礼，故其刑罚甚轻而禁不犯者，教化行而习俗美也”。

东汉王符重视“正学”（教育），主张“以正学为基”，将教育作为一项基本国策，认为正学和富民为治道的两大问题，只有“夫为国者以富民为本，以正学为基”，方能“成太平之基，致休征之祥”，人只有从师就学，“聪明无蔽，心智无滞”，才能“聪达之明，德义之理”，提倡“教之以明师，文之以《礼》《乐》，导之以《诗》《书》，赞之以《周易》，明之以《春秋》”。

唐朝是一个繁荣且思想开化的朝代，李翱认为“善为政者，莫大于理人，理人莫在于既富之又教之”，开明的统治者不仅要使百姓富裕，还要注重教化。唐末和宋朝时期，起义多发，许多仁人志士迎合百姓需求，传播“均贫富、等贵贱”的思想，以收取民心。唐末黄巢起义提出“天补均平”口号，北宋太宗淳化年间王小波、李顺起义提出“均贫富”口号，北宋南宋之交义军首领王善增添“等贵贱”内容，向百姓传播“天下大变，乃贵贱贫富更替之时”的思想，反对死生有命、富贵在天，号召民众以己之力改变命运，在一定程度上冲击了传统封建思想，促使民众自我解放，对传播自由、平等思想产生一定作用。

第二章
中国共产党人对共同富裕的探索

中国共产党自成立以来，一直秉承着为中国人民谋幸福、为中华民族谋复兴的初心与使命，始终坚持把实现全体人民共同富裕作为奋斗目标。社会主义革命和建设时期，毛泽东多次强调要大力发展生产力、坚持社会主义道路；改革开放以后，邓小平深刻地揭示社会主义的本质，把对社会主义的认识提高到新的科学水平，提出效率优先、兼顾公平是实现共同富裕的基础，允许一部分人和地区先富起来，先富带动后富，消灭剥削，消除两极分化，最终才能达到实现共同富裕的目标；党的十三届四中全会后，江泽民立足于“一个中心，三个着眼于”，高举邓小平理论伟大旗帜，坚持中国社会主义方向不动摇，发展了中国特色社会主义；党的十六大后，胡锦涛在总结国内外经验基础上，提出“科学发展观”的重大战略思想，为新时期共同富裕目标的实现指明了方向；党的十八大以来，习近平总书记以问题为导向，深入研究发展过程中面临的新情况、新问题，紧紧围绕实现全体人民共同富裕的目标，推动共同富裕理论和实践创新，彰显了以人民为中心的发展理念，夯实了迈向共同富裕的中国道路，为新时代开创社会主义现代化建设新局面，实现中华民族伟大复兴奠定基础。

第一节　社会主义革命和建设时期对共同富裕的探索

中华人民共和国成立以后，毛泽东在领导全国人民进行社会主义革命和现代化建设过程中，特别重视如何提高人民群众生活水平，实现全体人民共同富裕。毛泽东将共同富裕看成是社会主义经济发展的必然结果，为早日实现共同富裕的目标，进行了艰辛的探索和实践，丰富和发展了科学社会主义理论，但是，在探索过程中也出现过一些失误，值得我们思考。

一、共同富裕概念的形成过程

“共同富裕”的概念最早出现在党的正规文献中是1953年，当年12月，中共中央委员会通过了《关于发展农业生产合作社的决议》(以下简称《决议》)，指出“为着进一步地提高农业生产力，党在农村中工作的最根本的任务，就是要善于用明白易懂而又能使农民接受的道理和办法去教育和促进农民群众联合组织起来，逐步实行农业的社会主义改造，使农业能够由落后的小规模生产的个体经济变为先进的大规模生产的合作经济，以便逐步克服工业和农业这两个经济部门发展不相适应的矛盾，并使农民能够逐步完全摆脱贫困的状况而取得共同富裕和普遍繁荣的生活”，“共同富裕”的概念第一次被明确写入党的中央文件中。《决议》内容是毛泽东直接主持、参与起草的。毛泽东是党的第一代中央领导集体中第一个提出“共同富裕”的人，在毛泽东的影响下，“共同富裕”的提法逐渐被倡导并广泛推广开。

从《决议》中可以看出，实现“共同富裕”无疑是当时最能使广大农民接受的道理和办法。在《决议》起草阶段，曾经广泛征求党内外意见，“共同富裕”的概念也很快进入人们视野中，并得以传播。“共同富裕”一词在1953年以前从未出现过，但是仅1953年这一年内，“共同富裕”一词在《人民日报》连续出现12次，在《决议》通过的12月，“共同富裕”的字眼就连续出现9次。同年，《人民日报》开设专栏，以专家讲解的形式，向农民宣传新思想。其中诗人郭小川的文章《社会主义的路是农民共同富裕的路》直接把共同富裕与社会主义连在了一起，指出“怎样才能不走资本主义的路呢？唯一的办法就是走社会主义的路。什么是社会主义？在农村，社会主义就是大家联合起来，用大规模生产和新的农具、农业机器和新的农作法来经营农业，使大家能够共同富裕”。通过对专栏的学习，使广大农民群众对社会主义有了更加深刻的理解，人们逐渐认识到，只有坚持走社会主义道路，才能实现共同富裕。

1955年7月，在中共中央召开的省部级党委书记会议上，毛泽东在《关于农业合作化问题的报告》中再次提到共同富裕的概念，通过逐步实现社会主义工业化和对手工业、资本主义工商业的社会主义改造，才能实现对农业的社会主义改造，实行农业合作化，消灭富农和个体经济制度，让全体农村人民共同富裕起来。同年10月，党的七届六中全会召开，毛泽东再次指出要不断巩固工农联盟，领导农民走社会主义道路。只有让全体农民群众都共同富裕起来，尤其要让贫穷的农民富裕，使他们富裕的程度大大地超过“现在富裕农民的富裕程度”。同年12月，在为《中国农村的社会主义高潮》一书所写的按语中，毛泽东比较集中系统地阐述了关于共同富裕的思想。从毛泽东的论述中可以看出，进入社会主义社会之后，如何使广大农民共同富裕起来，已经成为他极为关注的一个重大问题。1956年，全国工商界青年积极分子大会在《致毛主席的保证书》中充满激情地写道：“我们只有在中国共产党和您的教导下，才懂得了资本主义腐朽的本质和社会发展的必然趋势，而选择了使全国人民共同富裕的社会主义康庄大道。”从此以后，“共同富裕”的概念开始广泛传播。

二、共同富裕的基本内容

毛泽东提出“共同富裕”概念的同时，也为实现共同富裕目标指明了方向。毛泽东不仅剖析了共同富裕的基本内容，而且指出实现共同富裕的必由之路是坚持走社会主义道路和大力发展社会生产力，更明确了合作社建设的重要性，提出实现共同富裕伟大目标不是一蹴而就的，而是一个长期、复杂的过程，需要全体人民共同努力。

（一）实现共同富裕，需要坚持社会主义道路

为了充分发挥社会主义优越性，尽快实现全体人民共同富裕，毛泽东反复强调“社会主义道路才是全体农民富裕和生产迅速发展的光明大道”，[①]指出“要过更好的日子，一定还要实现社会主义工业化和对农业手工业资本主义工商业的社会主义改造。就农业来说，只有在农村中一步一步地实行社会主义制度，才能使农业生产和农民生活一步一步地普遍获得提高”。[②]坚持走社会主义道路，就是要把农民引向合作化、集体化轨道上来，毛泽东认为，社会主义道路是我国农业发展的唯一道路，实行农业合作化是农民走社会主义道路，实现共同富裕的必由之路。在《关于农业合作化问题》的报告中，毛泽东进一步强调：“大多数农民有一种走社会主义道路的积极性。”广大农民只有走互助合作的社会主义道路，才能抵御各种天灾，消除两极分化，利用集体力

① 中央档案馆，中共中央文献研究室．中共中央文件选集（1949年10月—1966年5月）：第14册．北京：人民出版社，2013：517.

② 中共中央文献研究室．毛泽东年谱：一九四九——一九七六　第二卷．北京：中央文献出版社，2013：187.

量兴修水利，使用现代化的农业机构克服在单干情况下办不到的事情，充分发挥集体经济的优越性，实行因地制宜、因人制宜，使人尽其才、物尽其用，提高劳动效率和单位面积产量，这样“所有农民都要富裕起来，并且富裕程度要大大地超过现在的富裕农民。”

（二）实现共同富裕，需要大力发展社会生产力

毛泽东一直都非常重视社会生产力的发展，认为社会主义制度要比过去旧的社会制度优越的原因，在于新的社会生产关系更能够适应生产力的发展。《关于农业合作化问题》指出：“逐步地实现社会主义工业化和逐步地实现对于手工业、对于资本主义工商业的社会主义改造的同时，逐步地实现对于整个农业的社会主义的改造，即实行合作化，在农村中消灭富农经济制度和个体经济制度，使全体农村人民共同富裕起来。”并将生产力作为检验合作社发展是否健康的主要标准，认为一切合作社，都要以是否增产和增产的程度作为检验自己是否健全的主要标准。因此，社会主义建设的总目标是“在几个五年计划之内，将我们现在这样一个经济上文化上落后的国家，建设成为一个工业化的具有高度现代文化程度的伟大的国家”。为了尽快发展生产力，大幅度地提高生产力水平，早日实现共同富裕的目标，毛泽东多次强调，经济发展必须要打破常规，引进和采用先进技术，在短时期内把我国建设成社会主义的现代化强国，不能走世界上其他国家技术发展的老路，跟在别国后面一点一点的发展。正是在这些思想指导下，20世纪50年代末，毛泽东提出“多、快、好、省”建设社会主义的总路线，在全国发起了“大跃进”运动，并于60年代初发出了向“四个现代化”进军的伟大号召，即使在“文化大革命”中，依然提出“抓革命、促生产”的口号。正因为毛泽东对发展生产力高度重视，才使得社会主义革命和建设时期我国经济建设上取得较多成就，初步实现工业化，人民生活水平也有所改善，为共同富裕目标的实现奠定基础。

（三）实现共同富裕，需要经历一个长期、复杂的历史过程

毛泽东从我国人口多、底子薄、生产力不发达的现实国情出发，认为社会主义共同富裕目标的实现不可能一蹴而就，而是需要经历一个长期、复杂的历史过程。1955年10月，毛泽东指出："大约在五十年到七十五年的时间内，就是十个五年计划到十五个五年计划的时间内，可能建成一个强大的社会主义国家。"[①]1957年2月，他又提出："要有几十年时间，经过艰苦的努力，才能将全体人民的生活水平逐步提高起来"[②]，而当前首先需要做的事情就是"使农业得到发展，使合作社得到巩固"[③]。同时，毛泽东在多次与邓小平等领导开会、聊天时曾经谈到社会主义建设的时间问题，认为社会主义建设大概需要100年左右的时间，要分几步来走："大概有十几年会稍微好一点，有个二三十年就更好一点，有个五十年可以勉强像个样子，有个一百年那就了不起，就和现在大不相同了。"[④]并对我国20世纪和21世纪前150年的历史进程作了总体描绘和宏伟构想，"20世纪上半叶搞革命，下半叶搞建设；现在正是由革命到建设的转变时期，今后的中心任务是搞建设。从现在起到21世纪中叶，用100年的时间，分四步走，把中国建设好"。[⑤]1962年1月，毛泽东在扩大的中央工作会议上再次强调了建设强大的社会主义国家的重要性，指出在我国要建设起强大的社会主义国家，至少要花100多年。虽然在17世纪的欧洲，经过三百多年的努力，才发展成资本主义，使生产力有了一定发展。但是，社会主义与资本主义相比，具有许多优越性，社会主义国家经济的发展，一定会比资本主义国家快得多。同时，必须要看到由于我国人口多、底子薄、

① 中共中央文献研究室．毛泽东著作专题摘编：上．北京：中央文献出版社，2003：926.
② 中共中央文献研究室．毛泽东文集：第七卷．北京：人民出版社，1999：221.
③ 中共中央文献研究室．毛泽东文集：第七卷．北京：人民出版社，1999：222.
④ 中共中央文献研究室．毛泽东传：1949—1976　上册．北京：中央文献出版社，2003：648.
⑤ 中共中央文献研究室．毛泽东传：1949—1976　上册．北京：中央文献出版社，2003：648.

经济落后，要使生产力发展，赶超世界最先进的资本主义国家，没有100多年的时间，基本上是行不通的。可以看出，那一时期的毛泽东，已经对100多年以后的中国有了一个很好的认识，尽管这一伟大的战略构想受到“左”倾思想的干扰，实施过程变得有些急于求成，特别是被后来的“文化大革命”打断，但是却不能抹灭那一时期毛泽东高瞻远瞩的眼光，之后的“三步走”战略、“新三步走”战略，以及党的十九大报告首次提出的“在全面建成小康社会的基础上，分两步走在本世纪中叶建成富强民主文明和谐美丽的社会主义现代化强国”的目标，都是在毛泽东对共同富裕目标和社会主义建设构想的基础上形成并逐步发展起来的。

三、实践经验与教训

在共同富裕问题上，毛泽东提出了许多有价值的论述。但是，由于受当时环境特征和认识能力的局限，特别是后来“左”倾思想的影响，使毛泽东在探索共同富裕过程中存在一定理想化和浪漫化倾向，没有结合当时的实际，导致了理论与实际的脱离。正如毛泽东对邓小平所说，在社会主义建设中，“我注意得较多的是制度方面的问题，生产关系方面的问题。至于生产力方面，我的知识很少。社会主义建设，从我们全党来说，知识都非常不够”[①]。社会主义革命和建设时期，毛泽东关于共同富裕的论述内容，大多数考虑细致而周到，但在实践中却未能得到有力地贯彻执行，尤其受“左”倾思想影响，在方式方法上出现一定问题，不仅没有很好地带动我国生产力发展，反而使经济建设走向反面，为后来的经济社会发展提供许多宝贵的经验和教训。

① 中共中央文献研究室．毛泽东文集：第八卷．北京：人民出版社，1999：303．

（一）过分重视生产关系的反作用，忽视生产力发展

唯物辩证法认为，生产力决定生产关系，生产关系对生产力具有一定反作用。只有不断解放和发展生产力，才能实现全体人民共同富裕。毛泽东关于共同富裕的论述虽然已经认识到生产力发展的重要性，也试图通过生产关系的变革促进生产力的发展，但是在实践中却未能很好地贯彻这一正确理论，过分强调生产关系的反作用，忽视了生产力发展。特别是1957年以后，受到国内外各种因素影响，“左”倾思想在党内逐渐居于主导地位，毛泽东更加坚信革命能够改变一切，认为只有“先把上层建筑改变了，把生产关系搞好了，上了轨道了，才为生产力的大发展开辟道路，为物质基础的增强准备条件。当然，生产关系的革命，是生产力的一定发展所引起的。但是，生产力的大发展，总是在生产关系改变以后”。[①]与此同时，毛泽东非常重视群众运动，但是对于影响经济发展的经济规律和科学技术重视不够，认为只有通过“大跃进”和“抓革命，促生产”的方式，才能真正促进生产力的发展，集中体现在我国社会主义发展的重心由以经济建设为中心转移到以阶级斗争为纲上。因此，从1957年开始，直至毛泽东逝世，这一时期我国大规模的群众运动和阶级斗争从未停息过，这20年全国人民处于以阶级斗争为纲的氛围中，社会主义建设经历了曲折的发展过程，国民经济出现较大起伏。

毛泽东虽然在理论上认识到生产力发展对于实现共同富裕的重要性，但是在实践中却没有把发展生产力作为社会主义时期的根本任务来抓，最后没有按照经济规律办事。正如邓小平在评价这一时期的毛泽东时曾说：“并不是他不想发展生产力，但方法不都是对头的，例如搞‘大跃进’、人民公社化，就没有按照社会经济发展的规律办事。”[②]

---

① 中共中央文献研究室．毛泽东文集：第八卷．北京：人民出版社，1999：131.

② 邓小平．邓小平文选：第三卷．北京：人民出版社，1993：116.

（二）过分重视社会公平，忽视按劳分配

公平与效率之间是一个相互促进，共同发展的统一整体，关系着社会的稳定和经济发展水平。新中国成立之初，国家正处于经济快速发展时期，毛泽东认识到由贫穷到实现共同富裕需要经历一个长期、复杂的历史过程。因此，他注重提高效率，追求经济的快速发展，不断发展生产力，使我国经济局面有了明显好转。但是，由于对我国国情缺乏客观、细致、全面的分析，急于求成，再加上受到“左”倾思想影响，毛泽东开始过分注重社会公平，认为建立一个高度公平的社会，一切效率都要以不损害和妨碍社会公平为前提，忽视了效率和按劳分配的激励作用，最终导致平均主义盛行。

1958年，毛泽东得知安徽舒城县舒茶人民公社兴办公共食堂，已经实行了吃饭不要钱的制度时说：“吃饭不要钱，既然一个公社能办到，其他有条件的公社也能办到。既然吃饭不要钱，将来穿衣服也就可以不要钱了。”①“吃饭不要钱”的思想，实际就是平均主义“大锅饭”，这种否定价值规律，否认按劳分配的行为，会导致一部分人自己不劳动就可以占有别人的劳动成果，损伤了劳动者的积极性，不利于生产力的解放和经济社会发展，制约了共同富裕目标的实现。对此，邓小平指出：“搞平均主义，吃‘大锅饭’，人民生活永远改善不了，积极性永远调动不起来。”②“我们坚持走社会主义道路，根本目标是实现共同富裕，然而平均发展是不可能的。过去搞平均主义，吃‘大锅饭’，实际上是共同落后，共同贫穷，我们就是吃了这个亏。改革首先要打破平均主义，打破‘大锅饭’。”③

---

① 侯波．毛主席在安徽．人民日报，1958-10-4（2）．
② 邓小平．邓小平文选：第三卷．北京：人民出版社，1993：157．
③ 邓小平．邓小平文选：第三卷．北京：人民出版社，1993：155．

（三）过分重视精神激励的作用，忽视物质作用

无论是戎马生涯时，还是经济建设时，毛泽东都十分重视精神激励作用，重视思想政治工作，多次强调“提高劳动生产率，一靠物质技术，二靠文化教育，三靠政治思想工作。后两者都是精神作用。”[①]毛泽东对政治思想工作一直非常重视，提出“政治工作是一切经济工作的生命线”[②]，认为在任何时期都应当重视政治思想工作，强调在社会经济制度发生根本变革的时期，更要重视。因此，毛泽东在全党和群众中间经常开展切实可行的思想政治教育工作，充分发挥精神激励的作用。

毛泽东对于实现共同富裕表现出一种复杂的心态。一方面认为共同富裕是社会主义优越性的体现，社会主义应当比资本主义富裕；另一方面他又担心富裕之后人们会因为追求个人利益而贪图享乐，使社会主义国家产生资本主义和修正主义的危险，导致个人主义盛行。1958年8月，毛泽东在北戴河曾经说过，“人活着只搞点饭吃，同狗就没有什么区别了，或者就没有什么意义了”，[③]但是他又说：“革命党嘛，以饿不死人为原则。人没有饿死，就要做革命工作，就要奋斗。”[④]可以看出，他既想要中国人民生活富裕起来，又害怕真正富裕起来后，使人们变“资”变“修”，从而影响思想的先进性和革命性。在这种复杂心态的影响下，从20世纪50年代后期，毛泽东开始片面强调精神激励的重要性，认为正是在革命精神的鼓舞下，革命时期才能打胜仗，完全否认了个人利益对革命斗志的激励作用。从此以后，他很少再提及共同富裕问题，反而时常夸大追求个人利益的消极作用，并给与批判，逐渐走向极端。同时，随着对个人利益的不断弱化，毛泽东开始极度强化集体利

① 毛泽东. 毛泽东文集：第八卷. 北京：人民出版社，1999：124.
② 毛泽东. 毛泽东文集：第六卷. 北京：人民出版社，1999：449.
③ 王立胜：重新认识毛泽东. 陕西：陕西人民出版社，2008：255.
④ 毛泽东. 毛泽东文集：第七卷. 北京：人民出版社，1999：285.

益和国家利益的重要性，影响了人们生产生活的积极性和创造性，阻碍了生产力发展和共同富裕目标的实现。因此，邓小平曾经深刻指出“不讲多劳多得，不重视物质利益，对少数先进分子可以，对广大群众不行，一段时间可以，长期不行。革命精神是非常宝贵的，没有革命精神就没有革命行动。但是，革命是在物质利益的基础上产生的，如果只讲牺牲精神，不讲物质利益，那就是唯心论。”①

社会主义革命和建设时期，毛泽东将共同富裕理论与实践相结合，开启了迈向共同富裕的探索，其理论中的正确部分，直接构成我国社会主义建设经验的一部分，而探索过程中出现的失误，也给后人留下一笔可供借鉴的宝贵财富。正是在总结毛泽东在探索社会主义建设历史经验教训的基础上，改革开放和社会主义现代化建设新时期对共同富裕的认识和理解不断深化。

第二节　改革开放和社会主义现代化建设新时期对共同富裕的探索

改革开放和社会主义现代化建设新时期，党和国家把工作中心转移到经济建设上来，实行改革开放，不断解放和发展生产力，进入小康社会。邓小平作为党的第一代中央领导集体成员和第二代中央领导集体的核心，对社会主义发展和实现共同富裕的奋斗目标发挥了重要作用。党的十三届四中全会以后，以江泽民为核心的第三代中央领导集体高举邓小平理论伟大旗帜，坚持社会主义方向不动摇，发展了中国特色社会主义。进入21世纪，以胡锦涛为

① 邓小平. 邓小平文选：第二卷. 2版. 北京：人民出版社，1994：146.

总书记的党中央总结国内外经验，提出“科学发展观”的重大战略思想，为这一时期共同富裕目标的实现确立指导思想。

一、邓小平对共同富裕的探索

邓小平对于社会主义本质有着清晰的认识，将实现共同富裕确定为社会主义的根本目标和优越性的充分体现，贯穿于改革开放和社会主义现代化建设始终。实现共同富裕是一个历史范畴，在我国现代化建设和经济发展的不同阶段，它的实现程度和水平不尽相同，效率优先、兼顾公平是实现共同富裕的基础。允许一部分人和地区先富起来，先富带动后富，是实现共同富裕的形式。消灭剥削，消除两极分化，最终才能达到实现共同富裕的目标，这个目标的实现，需要一个长期发展的过程。为实现共同富裕的目标，在一定时期内，社会存在贫富分化的现象是正常的，能在一定程度上刺激经济的发展，但是这种分化不宜过大，如果太大，最终导致两极分化而影响共同富裕目标的实现，将偏离社会主义发展的正确轨道。因此，只有坚持公有制为主体的社会主义基本制度，才能防止产生两极分化。

（一）实现共同富裕是社会主义的本质要求

邓小平多次强调贫穷不是社会主义，社会主义的本质就是解放生产力、发展生产力、消灭剥削、消除两极分化、最终达到共同富裕。共同富裕既是社会主义目的也是社会主义本质的根本要求，这是邓小平反复强调的。因此，坚持中国特色社会主义道路，就是坚持走全国人民共同富裕的道路。

改革开放期间，一部分人通过自己的诚实劳动合法经营走上致富之路，逐渐富裕，另一部分人逐渐被富人所雇佣，成为雇工，引发社会争议。对此，邓小平在1985年3月指出：“一个公有制占主体，一个共同富裕，这是我们所必须坚持的社会主义根本原则。”[①]1990年，邓小平把共同富裕归纳为社会主义本质，指出社会主义本质是解放生产力、发展生产力、消灭剥削、消除两极分化、最终达到共同富裕。这提升了共同富裕在社会主义理论和实践中的重要地位，[②]进一步明确了社会主义本质的最根本要求和目的就是实现共同富裕。

邓小平认为共同富裕是一个不易实现的目标，需要经历漫长的历史过程。邓小平认为在解放和发展生产力基础上，不断消灭剥削、消除两极分化，才能最终实现共同富裕，到那时共同富裕的实现程度很高，已经达到人人可以按照自身需要获取各种消费品的水平，这是社会主义的长远目标。同时，邓小平也把实现共同富裕看成一个阶段性目标，认为“如果我们达到人均国民生产总值四千美元，而且是共同富裕的，到那时就能够更好地显示社会主义制度优于资本主义制度，就为世界四分之三的人口指出了奋斗方向，更加证明了马克思主义的正确性”。[③]邓小平判断，共同富裕也有可能在中国经过未来半个世纪的努力初步得以实现，至于这时共同富裕的实际状况如何，从已公开的文献来看，未见他说过，但分析邓小平的谈话内容，大致可知邓小平所设想的21世纪中叶实现的共同富裕，并不是同等程度的富裕，人们在收入和财产占有上依然存在一定差别；也不是同等速度的富裕，依然存在着先富与后富、大富与小富的区别，但社会发展的成果却能使人人共享，人民的基本生存需要能够较好地得以满足，财富的快速增长和公平分配将得以呈现。

（二）实现共同富裕需要解放和发展生产力

邓小平高度重视发展生产力，提出解放和发展生产力，是实现共同富裕

① 邓小平．邓小平文选：第三卷．北京：人民出版社，1993：111.
② 朱哲．邓小平社会主义本质理论研究．长春：吉林大学，2004：238.
③ 邓小平．邓小平文选：第三卷．北京：人民出版社，1993：195.

的经济发展模式，强调解放和发展生产力是促进社会发展，实现共同富裕的决定力量，把发展生产力与提高人民生活水平紧密联系在一起。

1.解放和发展生产力对于巩固和发展社会主义至关重要

生产力发展水平制约着社会产品分配的数量规模和质量水平，生产力水平越低，社会产品分配的数量就越有限，人民生活消费就只能局限在较低水平；相反，生产力水平越高，社会产品分配的总体规模越大，人民生活消费水平就越高，共同富裕的物质基础就得以保障。因此，邓小平提出“社会主义原则，第一是发展生产，第二是共同致富”。[①]

1978年3月，邓小平在全国科学大会上曾经指出，社会主义国家中，在无产阶级专政的条件下，必须实现现代化，不断提高科学技术水平，促进社会生产力发展，加强国家整体实力，改善人民的物质文化生活，只有这样，社会主义政治制度和经济制度才能得到充分巩固，国家安全才有可靠保障。1979年11月，邓小平指出“实现现代化确实是一场新的大革命，我们革命目的就是解放生产力，发展生产力。离开了生产力的发展、国家的富强、人民生活的改善，革命就是空的”。[②]

2.解放和发展生产力为实现共同富裕奠定物质基础

共同富裕实现的程度和水平，是受生产力和经济发展水平制约的。只有不断解放和发展生产力，国家才会富强，人民才能富裕。否则，没有物质产品的丰富，只能导致共同贫穷。1982年9月，邓小平提出“到了共产主义高级阶段，经济高度发展了，物资极大丰富了，才能做到各尽所能，按需分配”。[③]“社会主义时期的主要任务是发展生产力，使社会物质财富不断增长，人民生活一天天

① 邓小平.邓小平文选：第三卷.北京：人民出版社，1993：172.

② 中共中央文献研究室.邓小平思想年编：一九七五——九九七.北京：中央文献出版社，2011：5.

③ 邓小平.邓小平文选：第三卷.北京：人民出版社，1993：10.

好起来，为进入共产主义创造物质条件。”[①]正如马克思所认为的那样，共产主义社会应当是物质资料极大丰富的社会，因为物质资料的丰富，才能够实现人们的各尽所能，按需分配。社会主义作为共产主义第一阶段，虽然这个阶段很长，但是贫穷不是社会主义，社会主义必须要实现共同富裕。

邓小平的这些论述中都包含着马克思主义唯物史观和共同富裕理论的一个根本观点，那就是生产决定分配，生产力决定人们生活水平。要建设社会主义和实现共产主义，就要大力发展经济，努力解放和发展生产力，只有这样，才能真正实现共同富裕。

（三）实现共同富裕需要以公有制为主体，多种所有制经济共同发展

邓小平非常重视社会基本经济制度在实现共同富裕过程中的作用，将共同富裕与社会主义制度联系在一起，把消灭剥削、消除两极分化作为实现共同富裕的基本前提，明确了公有制经济主体地位和多种所有制经济共同发展的重要性。

1.实现共同富裕需要坚持社会主义公有制的主体地位

邓小平认为，“社会主义有两个非常重要的方面，一是以公有制为主体，二是不搞两极分化”[②]“一个是公有制占主体，一个是共同富裕，这是我们所必须坚持的社会主义根本原则”。[③]实现共同富裕，需要坚持社会主义公有制的主体地位。

坚持社会主义公有制的主体地位，是我国社会化大生产发展的必然要求。社会发展中，社会化大生产占主体地位，决定了公有制在多种所有制经济中

① 邓小平.邓小平文选：第三卷.北京：人民出版社，1993：171.
② 邓小平.邓小平文选：第三卷.北京：人民出版社，1993：138.
③ 邓小平.邓小平文选：第三卷.北京：人民出版社，1993：111.

占主体地位，这些社会化的生产资料是联合起来的劳动者共同劳动的成果，不能归个人所有，必然归劳动者共同所有，劳动者使用这些社会化生产资料创造的物质财富也应当归劳动者共同所有，并按照劳动者共同利益和共同富裕的要求进行分配使用。

坚持社会主义公有制的主体地位，是实现“三步走”强国富民战略的需要。邓小平在提出“三步走”战略时，使用了“国民生产总值”“人均国民生产总值”的概念，在分析“三步走”的意义时，强调了社会主义公有制为主体对于实现社会主义初级阶段共同富裕的重要作用。“我们社会主义制度是以公有制为基础的，是共同富裕，那时候我们叫小康社会，是人民生活普遍提高的小康社会。”[①]

坚持社会主义公有制的主体地位，是实现共同富裕的前提条件。邓小平不仅从正面阐述了公有制为主体与共同富裕的内在关联性，还从反面论述了没有公有制为主体的社会主义是不可能实现共同富裕的。他认为“如果中国十亿人口，现在还处于落后状态，如果走资本主义道路，可能在某些局部地区少数人更快地富起来，形成一个新的资产阶级，产生一批百万富翁，但顶多也不会达到人口的百分之一，而大量的人仍然摆脱不了贫穷，甚至连温饱问题都不可能解决”，[②]不利于经济社会的长期发展和稳定，“中国就会发生闹革命的问题”[③]。只有社会主义制度才能从根本上解决摆脱贫穷的问题，只有坚持公有制为主体，才能保证创造的财富属于国家和人民，不会产生新的资产阶级，最终实现共同富裕。

2.实现共同富裕离不开多种所有制经济共同发展

社会主义初级阶段，由于生产力不发达，只搞纯粹的社会主义公有制经

① 邓小平.邓小平文选：第三卷.北京：人民出版社，1993：216.

② 邓小平.邓小平文选：第三卷.北京：人民出版社，1993：207-208.

③ 邓小平.邓小平文选：第三卷.北京：人民出版社，1993：229.

济不利于发展生产力，无法完全满足人民日益增长的物质文化需要。应当允许个体、私营、外资经济等在国家引导下存在和发展，这既有利于充分利用国内外资源，进行经济建设，又有利于扩大就业，调动各阶层劳动者生产和生活的积极性，还有利于促进生产，活跃市场，生产更多产品，提供更多服务，更好地满足人民各方面需要。公有制经济与非公有制经济都是社会主义市场经济的重要组成部分，也是发展社会主义市场经济的客观要求，而市场经济就是利益驱动、部分先富的经济。

（四）实现共同富裕允许一部分人和地区先富起来

党的十一届三中全会以后，邓小平先后14次提出要把允许一部分人和一部分地区先富起来作为大政策确定下来。在当时的中国，首先需要解决发展问题，然后才能解决发展起来后出现的问题。

1.“三步走”战略

1987年4月，邓小平在会见西班牙客人时第一次对“三步走”战略目标进行全面系统的论述，提出“我们原定的目标是，第一步在八十年代翻一番。以一九八〇年为基数，当时国民生产总值人均只有二百五十美元，翻一番，达到五百美元。第二步是到本世纪末，再翻一番，人均达到一千美元。实现这个目标意味着我们进入小康社会，把贫困的中国变成小康的中国。那时国民生产总值超过一万亿美元，虽然人均数还很低，但是国家的力量有很大增加。我们制定的目标更重要的还是第三步，在下世纪用三十年到五十年再翻两番，大体上达到人均四千美元。做到这一步，中国就达到中等发达国家的水平”。[①]根据邓小平的这一构想，同年10月举行的党的十三大，将“三步走”战略构想用党的文件的形式加以确定：第一步，实现国民生产总值比1980年

① 邓小平．邓小平文选：第二卷．北京：人民出版社，1994：226.

翻一番，解决人民的温饱问题。这个任务已经基本实现。第二步，到20世纪末，使国民生产总值再增长一倍，人民生活达到小康水平。第三步，到21世纪中叶，人均国民生产总值达到中等发达国家水平，人民生活比较富裕，基本实现现代化。

共同富裕是我国现代化建设的最终目标，也是社会主义本质的体现。邓小平“三步走”战略通过近、中、远三重目标的设定，既明确指出未来几十年人民生活要达到的目标，又描绘了一幅国民经济未来发展的大好蓝图，成为社会生产力目标和人民生活目标的统一体现，提升了实现共同富裕的可能性，制定了社会主义现代化建设的战略步骤。当然，受当时条件影响，邓小平的“三步走”战略目标对第一步和第二步描述较为详细，而对于第三步只进行粗略构想。因此，在实现前两步目标后，对第三步战略目标的实现步骤进一步具体化，作出适应新形势的战略规划，成为历史必然。

2.“两个大局”思想

邓小平深知我国是一个人口众多、地域广阔、发展极不平衡的国家，东西部之间发展差异性较大。要实现共同富裕目标，需要一个有先有后的过程，不可能一蹴而就。我国东部沿海有着优越的地理区位优势和便利的交通运输环境，具备优先发展的基础，而以中西部地区为代表的内地，受历史、地理等先天条件限制，与沿海地区同步发展并不现实。1988年，邓小平提出关于促进东西部地区共同富裕的“两个大局”战略构想，即东部沿海地区要加快对外开放，使其先发展起来，中西部地区要顾全这个大局；当东部沿海地区发展到一定时期后，就要拿出更多力量帮助西部地区加快发展，东部沿海地区也要服从这个大局。“两个大局”思想是邓小平先富带动后富思想在实践中的运用。

“两个大局”的思想中的第一个“大局”突出东部沿海地区发展，形成一定的区域优势，以增强东部沿海地区整体实力。第二个“大局”重在内地发展，邓小平认为东部沿海地区发展到一定时期后，需要拿出更多力量、创造更多条件带动和支持内地发展，解决东中西部地区之间经济发展不均衡问题，缩小地区差距，最终实现共同富裕，加快内地发展是保持整个国家政治和社会安全稳定的必然要求。如果富的越来越富，穷的越来越穷，就会导致两极分化，邓小平多次强调“如果搞两极分化，情况就不同了，民族矛盾、区域间矛盾、阶级矛盾都会发展，相应地中央和地方的矛盾也会发展，就可能出乱子”[①]“如果改革导致两极分化，改革就算失败了”[②]。因此，必须保持社会稳定，实现东中西部地区的协调发展。只有加快内地和中西部地区发展，才能解决区域间发展不均衡的问题，这就要求必须促进第二个大局的实现。邓小平还对中西部地区开发的时机和条件做了设想，认为对中西部地区的开发，既不能影响东部地区经济发展的良好势头，又不能无视东西部地区之间经济差距的存在，要在一定研究的基础上，解决好这个问题，指出“在本世纪末达到小康水平的时候，就要突出地提出和解决这个问题”[③]，绘制出东部沿海地区带动中西部内地发展的时间表和路线图。

3.“先富带动后富”的观点

1978年9月，邓小平在天津听取中共天津市委汇报时，第一次提出“先让一部分人富裕起来”[④]的观点，同年12月在中央各民族会议闭幕式上，再次重申“这是一个大政策，一个能够影响和带动整个国民经济的政策”[⑤]。之后，邓小平又多次重申这一观点。邓小平“先让一部分人富裕起来”的观点，在打破平均主义“大锅饭”、调动劳动者积极性上，起到非常重要的作用。在这一口号激励下，一部分人为了满足基本生存需要、改善自己的生活环境，率

---

① 邓小平. 邓小平文选：第三卷. 北京：人民出版社，1993：364.
② 邓小平. 邓小平文选：第三卷. 北京：人民出版社，1993：123.
③ 邓小平. 邓小平文选：第三卷. 北京：人民出版社，1993：374.
④ 邓小平. 邓小平文选：第三卷. 北京：人民出版社，1993：142.
⑤ 邓小平. 邓小平文选：第二卷. 2版. 北京：人民出版社，1994：152.

先响应致富号召，辛勤劳动，迅速成功致富，少部分人的先富裕产生了极大的示范效应，吸引越来越多的人加入到致富的队伍中，成为中国经济在改革开放中持续快速增长的不竭动力。

"先让一部分人富裕起来"的观点打破了平均主义"大锅饭"的分配格局，激发了人们致富的积极性、主动性和创造性，使经济快速发展，社会财富迅速增加，人们生活水平逐步提高，贫困人口数量迅速减少，共同富裕出现了前所未有的光明前景。但是，在取得巨大成就的同时，也出现了收入差距逐渐扩大的问题，引起邓小平的高度关注，引发其对共同富裕更深层次的思考。1984年11月，邓小平第一次明确提出"先富带动后富"的观点，他说："在社会主义制度下，可以让一部分地区先富裕起来，然后带动其他地区共同富裕。"①1986年他说："我们允许一些地区一些人先富起来，是为了最终达到共同富裕。"②"先富"虽然是针对性极强又很有效率的重大决策，但它毕竟只是手段而不是目的，社会主义的目的是实现共同富裕，如果仅停留在"先富"上，那就丢掉了根本。"先富"只有在带动"后富"的前提下，才具有存在的合理性，"先富"实现后，就要将政策重心由"先富"转向"共富"，以实现全体人民的共同富裕。

同时，邓小平又指出："可以设想，在本世纪末达到小康水平的时候，就要突出地提出和解决这个问题。"③即达到小康社会后，就具备了着手实施"先富"带动"后富"的客观基础，那时候先富裕起来的人和地区已经解决了基本生存问题，正向更高生活水平迈进，他们有能力帮助和带动落后地区和未富裕起来的人实现共同富裕。此时，"先富"与"后富"之间的差距也处在可以允许和承受的范围内，这一时期着手解决共同富裕问题比较合适。紧接

---

① 中共中央文献研究室. 邓小平思想年编：一九七五——一九九七. 北京：中央文献出版社，2011：523.

② 邓小平. 邓小平文选：第三卷. 北京：人民出版社，1993：195.

③ 邓小平. 邓小平文选：第三卷. 北京：人民出版社，1993：374.

着，邓小平提出“先富”带动“后富”的具体措施，一要“帮”，即先富起来的地区和个人要帮助贫困地区和个人富裕起来，“可以由沿海一个省包内地一个省或两个省，也不要一下子负担太重，开始时可以做某些技术转让”①。二要“捐”，即先富起来的人要无偿出钱兴办社会公益事业，“提倡有的人富裕起来以后，自愿拿出钱来办教育、修路。当然，决不能搞摊派”②。三要“调”，即政府对收入分配进行调节，“对一部分先富裕起来的个人，也要有一些限制，例如征收所得税”③。“现在有些地区，允许早一点、快一点发展起来，但是到一定程度，国内也好，地区也好，集体也好，就要调节分配，调节税要管这个”“经济发展起来后，当一部分人很富的时候，国家有能力采取调节分配措施”④。因此，邓小平为实现共同富裕而提出的思路、原则和措施，至今仍然有很好的指导和借鉴作用。

4.消除贫困

改革开放初期，邓小平在阐述共同富裕构想时就曾提出“消除贫困”的思想。指出要允许部分地区、部分企业、部分工人农民由于辛苦劳动成绩大而收入先多些，生活先好起来，影响左邻右舍，带动其他地区和单位的人向他们学习。“当然，在西北、西南和其他一些地区，那里的生产和群众生活还很困难，国家应当从各方面给以帮助，特别要从物质上给以有力支持。这是一个大政策。”⑤因此，部分先富与消除贫困成为共同富裕中不可缺少的两个方面。

邓小平重视消除贫困，认为社会主义必须要消灭贫穷，贫穷不是社会主

① 邓小平.邓小平文选：第三卷.北京：人民出版社，1993：364.

② 邓小平.邓小平文选：第三卷.北京：人民出版社，1993：111.

③ 邓小平.邓小平文选：第三卷.北京：人民出版社，1993：111.

④ 中共中央文献研究室.邓小平思想年编：一九七五—一九九七.北京：中央文献出版社，2011：693.

⑤ 邓小平.目前的形势和任务.邓小平文选：第二卷.北京：人民出版社，1994：152.

义，更不是共产主义，社会主义本质的一个重要内容就是消除贫困，消灭两极分化，最终达到共同富裕。“不发展生产力，不提高人民的生活水平，不能说是符合社会主义要求的”①，“只有社会主义制度才能从根本上解决摆脱贫穷的问题”②。可以说，部分先富是对普遍贫穷宣战，消除贫困则是要消除少数地区、少数人的绝对贫困。同步富裕只能导致共同贫穷，“先富带动后富”是实现共同富裕的捷径，东部沿海地区率先富裕后，东部地区与中西部地区的发展差距在扩大，但是，部分地区先富裕不可能自动实现共同富裕。因此，在不削弱发达地区活力的前提下，要求先发展起来的地区支持和帮助贫困地区，带动中西部地区发展，切实解决和消除贫困地区人民的温饱问题，实现共同富裕。

邓小平关于共同富裕的论述，解决了社会主义革命和建设时期希望解决而没能解决好的问题，第一次将理想的社会主义目标与现实的社会生产力联系在一起，将公平的实现与效率的提高有机结合，创造性地继承并发展了马克思主义，是马克思主义中国化的有力体现。可以说，马克思将共同富裕的理想由空想变为科学，邓小平将迈向共同富裕的中国道路由科学变为现实。

二、江泽民对共同富裕的探索

20世纪80年代末90年代初，在国际和国内形势异常复杂多变的情况下，世界社会主义运动面临巨大考验。江泽民高举邓小平理论伟大旗帜，坚持社会主义方向不动摇，发展中国特色社会主义，立足于“一个中心，三个着眼于”，创造性地提出“三个代表”重要思想，即“中国共产党总是代表着中国先进生产力的发展要求，代表着中国先进文化的前进方向，代表着中国最广

① 邓小平. 邓小平文选：第三卷. 北京：人民出版社，1993：116.
② 邓小平. 邓小平文选：第三卷. 北京：人民出版社，1993：208.

大人民的根本利益”，成为党的立党之本、执政之基、力量之源，使党能够永久地保持先进性，顺应时代潮流，带领全国各族人民建设有中国特色的社会主义，最终实现全体人民共同富裕。

（一）以“三个代表”重要思想为指导推进共同富裕

江泽民站在世纪之交，着眼于改革开放和社会主义现代化建设全局，提出中国共产党人要坚持“三个代表”重要思想，指出当代中国共产党人总是代表着中国先进生产力的发展要求，代表着中国先进文化的前进方向，代表着中国最广大人民的根本利益，这是我们党的立党之本、执政之基、力量之源，党的十六大将“三个代表”重要思想作为党的指导思想写入党章。江泽民强调“制定和贯彻党的方针政策，基本着眼点是代表中国最广大人民的根本利益，争取反映和巩固不同方面群众的利益，使全体人民朝着共同富裕的方向稳步前进”，只有不断实践“三个代表”重要思想的要求，党才能保持先进性和蓬勃生机，带领全国人民不断开拓出具有中国特色社会主义的发展新局面，向实现共同富裕的目标逐步迈进。

1.代表先进生产力的发展要求与共同富裕

先进生产力的发展是实现共同富裕的物质基础，是社会发展和进步的最根本决定力量，生产力发展水平直接影响着人民生活水平，抛开发展生产力讲共同富裕是错误的，离开了生产力的发展就会导致共同贫困。只有不断解放和发展生产力，才能提高人民生活水平，让更多人共同享受到经济社会发展的丰硕成果。“三个代表”重要思想中的首要任务就是要始终代表先进生产力的发展要求，这是发展先进文化和实现最广大人民根本利益的基本条件。1993年，在中国共产党成立72周年座谈会上，江泽民指出：“我们党的发展壮大，我们国家在党的领导下取得独立和走向繁荣富强，归根到底是同推动社会生产力的解放和发展密切相联的。”可以看出，我们党的发展和壮大离不开社会生产力的发展，人民生活水平的提高，实现共同富裕的目标，更加离不开社会生产力的发展。中国共产党只有代表先进生产力的发展要求，不断与时俱进，改革创新，才能积累更多的物质财富，消除贫困，缩小贫富差距，才能实现共同富裕。

2.代表先进文化的前进方向与共同富裕

精神文化生活是衡量生活质量和社会富裕程度的重要内容，如果只是实现了物质生活的富裕，而精神文明层次依然较低，这种富裕并不是共同富裕。中国共产党人只有不断践行“三个代表”重要思想，始终代表先进文化的前进方向，才能为共同富裕目标的实现提供精神动力和智力支持。

先进文化是人类文明智慧的结晶，渗透于社会生活的各个方面，在实现共同富裕的道路上必不可少。江泽民指出：“有中国特色社会主义的文化，是凝聚和激励全国各族人民的重要力量，是综合国力的根本标志。”①社会主义现代化应该有繁荣的经济做特征，更应该有繁荣的文化做积淀，在实现社会主义现代化建设和共同富裕的过程中，很大程度取决于中国共产党人能否始终代表中国先进文化的前进方向，并使其成为既促进社会生产力发展又推动社会全面进步的文化。实现全体人民共同富裕，就是要实现人民物质和精神的双重富裕，这就需要物质文明和精神文明“两手抓，两手都要硬”，因此，中国共产党人只有代表了中国先进文化的前进方向，才能建设好中国特色社会主义文化，实现全体人民共同富裕的目标。江泽民认为“允许和鼓励一部分地区、一部分人先富起来的政策，是党在现阶段一个很重要的政策，就是通过辛苦劳动和合法经营，让一部分人一部分地区先富起来，最终达到共同富裕，这是邓小平建设有中国特色社会主义理论的重要内容。而我们有一些干部首先想的不是如何让群众先富起来，而是如何让自己和自己的亲属先富起

① 中共中央文献研究室．十五大以来重要文献选编：上．北京：人民出版社，2000：35.

来，为达到此目的，不惜采取不正当的、以权谋私的手段，这就把这个重要的政策理解歪了，走到邪路上去。共产党员、领导干部应该有吃苦在前、享受在后的自觉性和高尚情操”[①]。根据江泽民的要求，中国共产党人只有做到吃苦在前、享受在后，才能真正做到代表先进生产文化的前进方向，为实现全体人民共同富裕奠定思想文化基础。

3.代表最广大人民根本利益与共同富裕

始终代表最广大人民的根本利益是“三个代表”重要思想的出发点和落脚点，不断发展先进生产力和先进文化，归根到底都是为了实现最广大人民的根本利益，三者是密不可分的统一整体，无论是发展先进生产力还是先进文化，从根本上都是为了满足人民群众日益增长的物质文化生活需求，实现最广大人民群众的根本利益，其最终目的就是实现全体人民共同富裕。

江泽民在实践中反复强调，要把提高人民生活水平作为改革和发展的出发点和落脚点，最终实现共同富裕。1993年，江泽民在党的十四届二中全会上指出：“我们建设的是有中国特色的社会主义，出发点和归宿是发展社会生产力，不断增强综合国力，不断提高人民生活水平，并且逐步实现全体人民共同富裕。任何时候都不能忘记这个大原则。”而“三个代表”重要思想所指出的始终代表最广大人民的根本利益体现的就是执政为民。因此，始终代表中国最广大人民的根本利益与共同富裕是内在一致的。

（二）实现共同富裕需要达到中国式现代化

共同富裕目标的实现不可能一蹴而就，必然要经历一个漫长的“先富带动后富”的历史过程。同时，共同富裕不是抽象的理想，而是由特定历史时期不同阶段目标衔接和组成的具体历史实践。

① 中共中央文献研究室.十四大以来重要文献选编：下.北京：人民出版社，1999：2281.

1.小康社会是实现共同富裕的重要步骤

1990年，我国在国民经济和社会发展十年规划和“八五”计划制定时，江泽民认为人民生活水平的提高，既包括物质生活的改善，也包括精神生活的充实。因此，小康社会不仅仅是一个经济层面和生活水平层面的概念，更是一个体现政治、经济和文化协调发展的新概念，其发展目标包括人民生活目标、经济发展目标、政治发展目标和文化发展目标等多个方面的内容。要在经济上实现共同富裕，就要政治上实现民主和文化上实现繁荣。一方面，生产关系是由生产力决定的，上层建筑是由经济基础决定的，政治文明与文化繁荣的物质基础是经济的发展。另一方面，“政治体制改革与经济体制改革相互依赖，相互配合，只搞经济体制改革，不搞政治体制改革，经济改革也搞不通，因为首先遇到人的障碍”[①]，因此，要大力发展生产力，最终实现共同富裕，必须努力推进社会主义政治文明，扩大社会主义民主。同时，“一定的文化（当作观念形态的文化）是一定社会的政治和经济的反映，经济是基础，政治则是经济的集中的表现。”[②]因此，小康社会文化的繁荣不但是新的经济增长点，而且为经济的发展和政治的民主提供精神动力和智力支持。1997年，江泽民在党的十五大上提出了“建设小康社会”的奋斗目标。在中国特色社会主义理论与实践的历史进程中，小康社会成为实现共同富裕的必经阶段。

2.全面建设小康社会是实现共同富裕的阶段性目标

2002年，党的十六大提出了全面建设小康社会的宏伟目标，在建设中国特色社会主义伟大进程中，全面建设小康社会成为我国发展的历史性新篇章，成为社会主义现代化建设的重要一步，在实现共同富裕过程中，全面建设小康社会成为重要的阶段性目标和发展战略。

社会主义社会要实现共同富裕，必然要经过一个漫长的历史过程：首先

① 邓小平.邓小平文选：第三卷.北京：人民出版社，1993：164.

② 毛泽东.毛泽东选集：第二卷.北京：人民出版社，1991：663.

是要消灭贫穷，其次是进入小康社会，再次是达到全面小康，最终实现共同富裕。全面建设小康社会是在20世纪末我国人民生活水平总体上达到小康社会之后，为进一步推进社会主义现代化建设、实现共同富裕而提出的承上启下的阶段性目标。作为“更高水平”的社会，全面建设小康社会为实现共同富裕奠定了坚实的物质基础；作为“全面性”的社会，全面建设小康社会为实现共同富裕进行了有效的探索。因此，全面建设更高水平的、惠及十几亿人口的小康社会，是实现共同富裕所必须经历的过程，实现不了全面小康，也就不可能最终实现共同富裕。

全面建设小康社会有着经济、政治、文化、社会及人的发展等方面的具体内容和价值目标，这些目标与共同富裕的具体内涵，虽然在发展水平上存在一定差异，但在本质上却彼此对应。因此，只有首先实现全面建设小康社会的目标，才能实现共同富裕。如果没有共同富裕目标的坚持和引导，全面建设小康社会的目标也将不可能顺利实现，甚至可能会偏离社会主义的发展方向。

3.基本实现现代化是实现共同富裕的重要目标

现代化是指在科技革命和产业革命的推动下，实现由传统农业社会向以工业化为基础的、以先进生产力为主体驱动力的社会形态的转变，其核心是“生产力的解放”和在此基础上的“人性的解放”。江泽民将实现工业、农业、国防和科学技术的“四个现代化”发展为实现工业化、城市化、市场化、信息化、生态化、民主化、法治化等内容。同时，江泽民从实际出发提出了基本实现现代化的目标要求，形成了综合性的现代化目标体系：在经济现代化方面，要摆脱不发达状态，完成由“农业国”向“工业国”的转变过渡，增加居民收入，提高生活水平，加强经济市场化的水平，促进经济持续稳定的发展；针对政治现代化的建设，实现法制基本健全，保持社会主义民主政治体制的活力和稳定，维护社会秩序的稳定，强化廉洁政府建设，实现各民族和谐团结，实现政治局面稳定并保持活力；在文化现代化方面，科技教育比较发达，全民族的思想道德素质和文化素质普遍提高等。此外，江泽民还突出了人的全面发展，强调实现人的现代化，并提出了新“三步走”战略，制定实施了可持续发展、科教兴国、人才强国和西部大开发等发展战略，从而找到了我国实现社会主义现代化的现实途径。

社会主义的最终目标是实现共同富裕，而社会主义现代化建设的目标是基本实现现代化，无论是实现共同富裕还是现代化建设，都体现着社会主义的本质要求。作为一个逐步的、动态的渐进发展过程，共同富裕的实现要求在推进现代化建设中实施分步走的发展方式，先由贫困发展到小康社会，再由总体小康发展到全面小康，最后由全面小康发展到基本实现现代化，使得人民的生活比较富裕，这样才能“最终使全国各族人民都能比较快地富裕起来”。同时，社会主义中剥削制度已消除，国民收入取之于民，也全部还之于民、用之于民、分配于民。因此，到21世纪中叶社会主义现代化的基本实现就意味着全体人民共同富裕目标的实现。

（三）实现共同富裕需要发展和改革

实现共同富裕需要不断解放和发展生产力，增加物质财富积累。同时，继续深化改革，逐步规范收入分配秩序，通过加大转移支付力度和完善社会保障体系等多种措施消除贫困，缩小贫富差距。

1.新“三步走”战略

“三步走”战略是十一届三中全会以后，邓小平根据社会主义初级阶段的根本任务和奋斗目标，设计的我国实现共同富裕的发展战略。中国共产党带领全体中国人民以经济建设为中心，自力更生，艰苦奋斗，现代化建设的第二步战略目标于20世纪末期顺利完成，使我国在总体上实现了小康社会。为更好地把第二步发展战略和第三步发展战略有效地衔接，1997年在党的十五大上，江泽民把“三步走”中的第三步发展战略进行细化，提出21世纪上半叶新“三步走”的目标设想，即“在新世纪的第一个十年，我们将实现国民生产总值比二〇〇〇年翻一番，使人民的小康生活更加宽裕，形成比较完善的社会主义市场经济体制；再努力十年，到我们党成立一百周年时，将使国民经济更加发展，各项制度更加完善；到二十一世纪中叶，中华人民共和国成立一百周年时，将基本实现现代化，建成富强民主文明的社会主义国家，中国人民将达到现代化基础上的共同富裕”。在此之后的党的十六大上，全面建设小康社会作为奋斗目标被提上日程，并把具体目标定为“到2020年实现国内生产总值比2000年翻两番”。

江泽民新“三步走”战略，既是对邓小平“三步走”战略的进一步具体化，使其更加具有可操作性，又是中国共产党带领全国人民摆脱贫困、实现共同富裕目标切实可行的阶段性步骤，为全国人民勾勒出现代化建设的美好蓝图，是全体人民为实现共同富裕目标而努力奋斗的行动纲领。

2.均衡协调发展

江泽民认为“逐步缩小全国各地区之间的发展差距，实现全国经济社会的协调发展”，是事关我国跨世纪的全局发展，也是实现全体人民共同富裕的战略举措。

实现共同富裕离不开区域均衡发展。我国各地区环境和历史等方面存在明显差异，各地区的发展非常不均衡，不同地区的贫富差距也不相同。为缩小区域贫富差距，实现共同富裕，就需要在发展过程中做到统筹区域发展，统筹好东中西部地区之间的关系，促进共同发展。江泽民指出“要从全国经济协调发展的战略高度，着眼于地区优势的相互结合，相互补充，相互促进，共同发展，把东中西各地区的积极性都调动起来”①，东部带动西部，从而推动

① 江泽民.论社会主义市场经济.北京：中央文献出版社，2006：421.

其更好更快地发展。另外，为了更好地平衡区域间发展的差异，党中央将区域经济发展放在突出发展的位置，积极推进和加快少数民族地区发展，这也是加强民族团结、保持社会稳定、维护祖国统一的要求。

实现共同富裕离不开统筹城乡发展。我国农村人口众多、耕地资源稀缺，由人地关系紧张所导致的资源稀缺性和城乡二元结构所形成的体制性矛盾，是“三农”问题产生的根源，更是长期制约我国经济良性循环和社会协调发展的重要因素。为此，江泽民在党的十六大报告中指出“统筹城乡经济社会发展，建设现代化农业，发展农村经济，增加农民收入”①，这是全面建设小康社会过程中非常重要的任务和使命。只有不断推动农村地区经济发展，提高农民收入水平，才能最终实现共同富裕。

实现共同富裕离不开可持续发展。共同富裕的实现是一个漫长的历史过程，竭泽而渔、饮鸩止渴的发展方式和路径，不可能实现共同富裕目标。江泽民在深刻吸取了西方国家“先污染后治理”发展教训的基础上，结合我国经济社会发展中存在的一系列问题，提出了可持续发展的重大战略，大力发展循环经济，建设资源节约和环境友好型社会，实现经济增长与人口资源环境相协调，带领全党全国人民按照可持续发展的要求，大力转变经济增长方式，走文明发展之路，促进生产发展、人民生活富裕以及形成良好的生态环境。

实现共同富裕离不开全面发展。江泽民认为“社会主义社会作为人类历史上崭新的社会形态，是以经济建设为重点的全面发展、全面进步的社会。经济、政治、文化协调发展，两个文明都搞好，才是有中国特色社会主义”②，这是由于经济基础决定上层建筑，经济的发展是基础，同时，社会文明与精神文明的进步和发展又在一定程度上会促进经济的进一步发展。江泽民提出

① 江泽民. 江泽民文选：第三卷. 北京：人民出版社，2006：546.

② 江泽民. 江泽民文选：第二卷. 北京：人民出版社，2006：258.

的“全面发展”，不仅仅指经济、政治、文化方面的发展，而且包含了一个重要的方面即人的发展，同时，将不断发展提高社会生产力与经济文化的发展水平，不断发展提高人的发展层次与历史进程等全面有机地结合统一，江泽民指出，“人越全面发展，社会的物质文化财富就会创造得越多，人民的生活就越能得到改善，而物质文化条件越充分，又越能推进人的全面发展”[①]。

3.实施西部大开发

缩小东西部地区差距，实现全体人民共同富裕，是实现国家长治久安的根本要求。[②]我国少数民族多集中在西部地区，受历史、地域等因素影响，经济发展缓慢，如果经济水平的差异长期得不到解决，就会增加民族间的离心倾向，世界上许多地区的民族冲突和国家分裂，无不与经济发展长期不平衡密切相关。江泽民指出，加快西部地区的经济发展是保持国民经济持续健康快速发展的必然要求，也是实现我国现代化第三步战略目标的必然要求。[③]我国西部地区地广人稀，自然资源丰富，物种多样，开发空间广阔，潜力巨大。没有西部的现代化，就没有全国的现代化，没有西部的小康，全国的小康就难以巩固，更无法实现全体人民的共同富裕。

1999年3月，在全国人大九届二次会议与全国政协九届二次会议上，“西部大开发”这一战略思想被正式提出[④]。同年6月在西安举行的西北五省区国有企业改革和发展座谈会上，江泽民指出，“加快开发西部地区是一个巨大的系统工程，也是一项空前艰难的历史任务”。“这将是中华民族发展史上一项惊天动地的伟业，也将是世界开发史上一个空前的壮举！”9月，在《中共中央关于国有企业改革和发展若干重大问题的决定》中，将实施西部大开发战略正式写入文件，实施西部大开发战略被真正提上日程。从此，西部大开发

---

① 江泽民.江泽民文选：第三卷.北京：人民出版社，2006：295.

② 邓小平.邓小平文选：第三卷.北京：人民出版社，1993：364.

③ 江泽民.江泽民文选：第二卷.北京：人民出版社，2006：342.

④ 曾培炎.西部大开发决策回顾.北京：中共党史出版社/新华出版社，2010：207.

成为我国现代化建设与实现共同富裕的重要战略方针。

为全面推进西部大开发，促进西部地区发展，2000年10月，在充分调研的基础上，国务院印发《国务院关于实施西部大开发若干政策措施的通知》，列出西部大开发的重点区域和重点任务。同时，明确了增加资金投入、改善投资环境、扩大对外对内开放、吸引人才和发展科技教育等政策部署，到21世纪中叶，实现西部地区经济繁荣、社会进步、生活安定、民族团结、山川秀美的战略目标。从此，西部大开发成为我国一项重要战略方针，西部大开发战略的实施，并不是去解决西部单个地区的经济发展问题，而是以实施西部大开发为契机，促进东西部地区全面协调发展，形成彼此互利的新的经济发展格局，实现共同富裕。因此，西部大开发的实施拓宽了共同富裕的发展道路，加快了东西部地区共同富裕的发展步伐。

4.开发式扶贫

贫困与落后是世界范围的经济和社会现象，反贫困是人类面临的重大难题，也是社会进步面临的严峻挑战。以江泽民为核心的第三代中央领导集体对中国特色扶贫开发进行了艰辛探索，明确阐述了扶贫开发方针的内涵并予以实践。江泽民指出，“由救济式扶贫转向开发式扶贫，是扶贫工作的重大改革，也是扶贫工作的一项基本方针”[①]。救济式扶贫通过给钱给物，虽然暂时可以缓解群众生活困难的情况，但是换来的温饱生活比较脆弱，难以稳定持久地使贫困人口摆脱贫困，出现“返贫”现象比较多。而开发式扶贫则不同，其工作对象不是那些丧失劳动能力、需要社会救济的贫困人口，而是那些具有劳动能力和劳动愿望的个人和家庭，通过开发当地资源、发展经济主导产业、增强个人能力等形式，奠定贫困人口脱贫致富的基础。江泽民认为开发式扶贫的实质就是“把贫困地区干部群众的自身努力同国家的扶持结合起来，

① 江泽民.在中央扶贫开发工作会议上的讲话.人民日报，1996-9-24（1）.

开发当地资源，发展商品生产，改善生产条件和生活环境，增强自我积累、自我发展的能力”[①]。实践证明，开发式扶贫能够促进社会生产力发展，调动贫困人口劳动积极性，能够使贫困人口长久摆脱贫困。

一方面，明确开发式扶贫的中心任务是解决贫困人口的温饱问题。江泽民指出：“解决贫困群众的温饱问题，是扶贫攻坚最重要、最紧迫的任务，必须摆在第一位来完成。”在扶贫攻坚过程中，温饱问题是贫困地区群众的迫切要求，也是贫困地区经济社会发展的重要基础，因此，必须要把农业生产，尤其是粮食生产搞上去。江泽民在1996年和1999年多次强调，贫困地区一定要把粮食生产放在第一位。稳定和扩大粮食种植面积，集中力量改造中低产田，努力提高粮食单产，提高粮食人均占有量，尽快解决群众吃饭问题。经过艰苦努力，到2000年，我国粮食综合生产能力已经稳定在5亿吨水平，以占世界10%的耕地，生产出世界1/4的粮食，解决了占世界22%人口的吃饭问题。

另一方面，将开发式扶贫的重点由“开发式扶持贫困区域”转向“开发式扶持贫困人口”。从20世纪80年代中期以来，我国开发式扶贫基本上以县为单位确定扶贫对象，这在当时贫困面积大、人口多的情况下是符合实际的。但随着一部分人的脱贫致富，以县为单位进行扶贫，存在贫富一起扶的问题，使得那些真正贫困的村镇和贫困户并没有得到重点扶持。江泽民根据扶贫开发的新情况，及时调整扶贫策略，于1996年提出“把扶贫攻坚的任务和措施落实到贫困村和贫困户”的新要求，做到“真扶贫，扶真贫”。可以说，扶贫开发从贫困县转向贫困村、贫困户，提高了扶贫攻坚的针对性和有效性，成为我国扶贫开发的重要经验。

5.落实就业政策和确立“三条保障线”制度

20世纪90年代，随着国有企业改革的深入，在“减员增效”过程中出现

① 江泽民. 在中央扶贫开发工作会议上的讲话. 人民日报，1996-9-24（1）.

国有企业职工“下岗潮”，导致大批工人下岗失业。因此，解决大量下岗分流人员和破产失业人员的再就业，保障其生活，逐渐成为我国社会和经济发展中的一个突出问题。

“要想人人有饭吃，就得人人有活干”，这是实行“各尽所能、按劳分配”原则的基本前提。面对“下岗潮”造成的就业问题，江泽民在社会主义市场经济体制改革的大背景下，为切实保障国有企业下岗职工和城镇低收入群体的基本生活，多次强调“就业是民生之本”，是“关系改革发展稳定的大局，关系人民生活水平的提高，关系国家的长治久安”①的重大经济与政治问题，提出要建立以“国有企业下岗职工基本生活保障制度、失业保险制度和城市居民最低生活保障制度”为主要内容的“三条保障线”制度，尽可能地缩小贫富差距，消除社会的不稳定因素。

1999年，为进一步落实“三条保障线”制度，民政部、劳动和社会保障部、财政部等部门下发了《关于做好国有企业下岗职工基本生活保障失业保险和城市居民最低生活保障制度衔接工作的通知》《关于做好提高三条社会保障线水平等有关工作意见的通知》和《关于加强国有企业下岗职工基本生活保障城镇居民最低生活保障资金和企业离退休人员基本养老金使用管理问题的通知》等文件，对完善“三条保障线”之间的相互衔接、提高保障水平以及加强各种保障金管理等方面进行了具体的规定。截至1999年底，全国已有8 760万职工参加基本养老保险，各级劳动保险机构为300多万下岗职工提供失业救济，并帮助200多万失业职工实现再就业，全国有206个城市建立了居民最低生活保障制度，100多万贫困的城市居民生活得到了保障。

就业政策的落实和“三条保障线”制度的确立完善了中国特色的社会保障制度，有效保障了弱势群体的基本生活，为遏制我国贫富差距扩大发挥了

① 江泽民. 江泽民文选：第三卷. 北京：人民出版社，2006：504-506.

十分重要的作用，“三条保障线”制度的确立，是江泽民在新形势下对实现共同富裕目标进行的新探索。

三、胡锦涛对共同富裕的探索

进入21世纪，我国社会主义现代化建设迈入新的发展阶段。2003年，我国人均国内生产总值突破1 000美元，社会主义现代化建设跨上新台阶。与此同时，经过20多年的改革开放，社会富裕程度增加，人民生活水平提高，总体上达到小康社会水平。但是，随着社会经济结构的深刻变革，在改革开放的过程中，逐渐出现了区域经济发展不平衡问题，城乡之间、地区之间、行业之间收入差距进一步扩大。同时，这一时期人民群众的物质文化需要不断提高并更趋向多样化，社会利益关系更加复杂，人民群众的公平意识越来越强，对党和政府维护和实现社会公平的目标要求越来越高。

（一）实现共同富裕要以科学发展观为指导思想

2003年10月，胡锦涛在党的十六届三中全会上提出“科学发展观”的重大战略思想，为新时期共同富裕目标的实现指明了方向。科学发展观就是“要始终把实现好、维护好、发展好最广大人民的根本利益作为党和国家一切工作的出发点和落脚点，尊重人民主体地位，发挥首创精神，保障各项权益，走共同富裕道路，促进人的全面发展，做到发展为了人民、发展依靠人民、发展成果由人民共享”①。

“科学发展观”是胡锦涛从新世纪新阶段党和国家事业发展全局出发，提出的重大发展战略，是马克思主义中国化的重大成果，也是推动我国经济社

① 胡锦涛. 胡锦涛文选：第二卷. 北京：人民出版社，2016：624.

会发展，加快推进社会主义现代化建设必须长期坚持的重要指导思想。胡锦涛在党的十六届三中全会上首次指出，“我们发展的理念和观念要换一换了，必须坚持以人为本，树立全面、协调、可持续的发展观，促进经济社会和人的全面发展”。2007年10月，胡锦涛在党的十七大上，将科学发展观的内容进行全面阐述，指出：“科学发展观第一要义是发展，核心是以人为本，基本要求是全面协调可持续，根本方法是统筹兼顾。”①

科学发展观的提出，是党在社会主义现代化进程中对社会发展规律认识的再升华，也是党执政理念的一次新飞跃。科学发展观更加注重以人为本，经济社会和人的全面发展，反映了社会发展要求，也体现了社会主义最终要实现共同富裕的内在要求，更加注重发展的全面协调可持续性，而不是片面的发展、不计代价的发展、竭泽而渔的发展。科学发展观是适应我国特点的有中国特色的发展观，符合社会主义事业的整体布局，全面推进经济建设、政治建设、文化建设、社会建设发展，促进现代化建设各环节、各方面相协调，促进生产关系与生产力、上层建筑与经济基础相协调，使人们在良好的环境中生活，实现共同富裕。

科学发展观的核心是以人为本，就是要以人的全面发展为目标。从人民群众最根本的利益出发去谋发展、促发展，不断满足人民群众日益增长的物质文化生活需要，切实保障人民群众经济、政治和文化的权益，不断提高人民群众的物质文化生活水平，创造适合人民平等发展、充分发挥聪明才智的社会环境，使发展的成果惠及全体人民，这实质上就是共同富裕目标的根本要求。共同富裕本身也是以人为本的最好体现，全国人民都应当成为社会财富的享有者，实现利益最大化。人民是实现共同富裕的决定性力量，只有人民群众才能创造财富，只有创造财富才能实现共同富裕的最终目标。只有尊

① 胡锦涛．胡锦涛文选：第三卷．北京：人民出版社，2016：2.

重人民的意愿，一切想人民之所想，急人民之所急，才能做到发展为了人民，发展依靠人民，发展成果由人民共享。

科学发展观需要在社会全面进步基础上实现人的全面发展。科学发展观不仅要促进经济的全面发展，也要保持社会的全面进步，它是在以经济建设为中心的基础上，带动政治建设、文化建设、社会建设的统一发展，最终达到经济社会和人的全面发展。同时，科学发展观还强调发展是社会主义物质文明、政治文明、精神文明、社会文明的协调发展，中国特色社会主义经济、政治、文化与社会建设，相互紧密联系而又有各自的发展规律，彼此互为条件、互为目的、相互促进。社会主义现代化建设新时期，要实现共同富裕，必须保持经济建设、政治建设、文化建设、社会建设的全面发展。

科学发展观需要保持经济社会协调发展。要努力提高经济增长的质量和效益，大力调整经济结构，突出解决产业结构不合理和城乡差距扩大问题。协调城乡发展，更加关注弱势群体发展，逐步形成城乡经济互相促进、相互融合的格局。协调区域发展，就是要在原来西部大开发基础上，振兴东北老工业基地，促进中部崛起，逐步形成东、中、西互动、优势互补、互相促进的新格局，使先富裕的地区带动后富裕地区，最终实现共同富裕的目标。鼓励和支持一部分人一部分地区先富起来，先富裕的地区带动和帮助后富裕的地区，在一定时期促进我国经济发展和人民生活水平提高起到了非常重要的作用。但进入全面建设小康社会新阶段以后，我国处于经济转轨和社会转型的关键时期，各种社会利益关系出现矛盾，城乡之间、区域之间、经济社会发展之间、人与自然之间、国内发展与对外开放之间出现许多不协调问题。因此，要实现共同富裕目标，必须保持经济社会的协调发展。

科学发展观坚持可持续发展。每一代人的发展都应该为下一代人的更好发展留下足够的生存空间，科学发展观强调可持续发展，把发展作为人类与自然协调发展的过程，尊重自然发展和社会发展的客观规律，以实现人与自然的协调发展。在坚持经济发展的同时，要充分考虑资源和环境的承受能力，既重视经济增长，又重视环境资源，统筹考虑现在和未来的关系，既能满足人民群众现实的物质文化需要，又能为子孙后代留下充足的发展条件，实现速度和结构质量效益相统一，经济发展与人口资源环境发展相统一，实现经济社会持续健康发展，才能实现共同富裕的目标。在迈向共同富裕的探索中，要依靠高科技和创新型人才，实现经济社会快速发展而又使资源合理利用的可持续发展道路。

（二）实现共同富裕需要更加注重社会公平

“更加注重社会公平”是胡锦涛在中央党校省部级领导干部“提高构建社会主义和谐社会能力”专题研讨班上提出的重要思想，党的十六届五中全会将原来的“效率优先，兼顾公平”修改为“更加注重社会公平”，为我国今后实现共同富裕的目标确定了方向。“效率优先，兼顾公平”是以邓小平为核心的第二代中央领导集体在改革开放之初，为了加快我国经济发展提出的分配制度。而“更加注重社会公平”是以胡锦涛为总书记的党中央在改革开放取得巨大成就，经济社会快速发展的基础上提出的，由原来注重效率转到更加注重社会公平，更加以人为本，将提高低收入者收入水平放在第一位，扩大中等收入群体比重，有效调节高收入者，有利于“两头小，中间大”的收入橄榄型社会的形成。

社会公平，体现的是人与人之间平等的社会关系，在过去曾被误认为是平均主义，导致严重后果。市场经济体制下的社会公平，不是过去认为的平均主义，而是基于权利与责任，收益与风险相对称的社会机制。更加注重社会公平，归根结底就是要让社会发展成果惠及全体人民，人人都能够享受到社会发展带来的好处。在一部分人先富起来后，要更加注重社会公平，让广大人民分享社会发展成果，更好地调动大家的积极性和创造性，促进我国经济社会更快更好发展，形成良性循环，最终实现全体人民的共同富裕。

党的十六届五中全会通过的《中共中央关于制定国民经济和社会发展第十一个五年规划的建议》中指出，要“千方百计扩大就业”“加快完善社会保障体系”“合理调节收入分配”，这些都是注重社会公平的体现，只有注重社会公平，上下一起努力，才能将长期积累的不公平矛盾妥善解决。

（三）实现共同富裕需要统筹城乡经济发展

胡锦涛在党的十六大报告中指出，统筹城乡经济社会发展，建设现代农业，发展农村经济，增加农民收入，是全面建设小康社会的重大任务。党的十六届三中全会把统筹城乡经济社会发展提到战略高度，出发点就是要解决好“三农”问题，即农业、农村、农民问题，破解城乡二元结构。因此，统筹城乡发展，促进城市与农村走上全面、协调、可持续发展道路，是全面建设小康社会的重要举措。

以胡锦涛为总书记的党中央为解决好“三农”问题，使农民增收，做了大量努力。一方面，通过转变政府职能，调整政策措施，建立城乡良性发展机制。通过稳定直补政策，把统筹城乡发展纳入整个经济社会发展规划中，把粮食补贴、粮种补贴、农机补贴和新技术推广等直补措施作为长期政策，建立起城市支援农村、工业反哺农业的政策体系。通过废止《农业税条例》，终结了在我国沿袭两千多年的农业税，增加了农民收入，体现了政策向“三农”倾斜的一面，也符合工业反哺农业的要求。另一方面，把农村剩余劳动力转移作为增加农民收入的切入点，加快推进城镇化进程。农村劳动力转移可以为农业生产带来巨大经济效益和社会效益，加快推进城镇化进程，促进农村经济和社会发展，增加农民收入，提高农业生产率，还能够繁荣农村经济，拉动内需，对全面建设小康社会，实现共同富裕起着重要作用。

为农民建立最低社会保障制度，也是统筹城乡协调发展的重要方面。在农村地区构建包括基本养老保险、医疗保险和最低生活保障在内的三条保障线，让广大农民能够老有所养、病有所医、贫有所济。2002年，我国开始实施新型农村合作医疗制度，实行农民个人缴费、集体扶持和政府资助相结合的筹资机制，鼓励农民积极参保。截止到2013年，新农合的补助标准从每人每年240元提高到280元，基本覆盖全体农民，使越来越多的农民受益，减轻了农民负担。

（四）实现共同富裕需要扩大中等收入群体比重

党的十六大报告提出，要“以共同富裕为目标，扩大中等收入者比重，提高低收入者收入水平。”[①]党的十七大报告提出，到2020年，合理有序的收入分配格局基本形成，中等收入者占多数，绝对贫困现象基本消除。扩大中等收入群体比重是保持我国社会安定团结和经济持续发展的战略选择，也是消除贫富差距，走向共同富裕的必由之路。

由于中等收入群体是介于高收入者和低收入者之间的中间阶层，必须培育一个稳定、务实的中等收入阶层，一方面要促使高收入者中一部分人回流至中等收入阶层，另一方面要使低收入者上升为中等收入阶层，只有这样才能不断扩大中等收入群体比重。因此，扩大中等收入群体比重既需要经济社会快速发展，又需要国家政策的大力扶持，只有两者共同作用，才能逐渐扩大中等收入群体比重。一方面，高收入者回流至中等收入阶层。高收入者是享受社会发展成果最多的群体，随着经济社会发展，财富得以迅速增加，作为橄榄型社会中的一小头，高收入者数量过大，势必会影响到橄榄型社会的构建。因此，调节高收入者收入势在必行。对于通过违法乱纪、以权谋私等不正当手段富裕起来的高收入者，应当予以打击，获得的非法收入也应当取

① 中国共产党第十六次全国代表大会文件汇编. 北京：人民出版社，2002：28.

缔；对于通过诚实劳动、合法经营率先富裕起来的群体，可以通过征收个人所得税、利息所得税、遗产税等税收方式调节其过高收入。2011年，我国将个人所得税的起征点由2 000元提升至3 500元，大幅度减轻了低收入群体的纳税负担。同时，也采取措施，加大了对高收入者的征税力度。另一方面，低收入者上升为中等收入阶层，通过建立完善的社会保障体系，制定合理的收入分配制度来实现自下而上的流动。低收入者是中等收入阶层的后备军，通过提高低收入者收入，使其上升为中等收入阶层是扩大中等收入群体比重的最主要途径。以农民为主的绝对贫困人口是我国低收入群体的重要组成部分，通过开发式扶贫，尤其是对西部地区和农村的扶持，加大对贫困地区的扶持力度，不断扩大中等收入群体比重。

第三节　中国特色社会主义新时代对共同富裕的探索

2012年11月15日，在中共十八届一中全会上，习近平同志当选为中共中央总书记。两周后的11月29日，他在参观《复兴之路》展览时指出，“到中国共产党成立100年时全面建成小康社会的目标一定能实现，到新中国成立100年时建成富强民主文明和谐的社会主义现代化国家的目标一定能实现，中华民族伟大复兴的梦想一定能实现”。2015年10月，习近平总书记在党外人士座谈会上强调：“我们追求的发展是造福人民的发展，我们追求的富裕是全体人民共同富裕。”深入研究发展过程中面临的新情况、新问题，紧紧围绕实现全体人民共同富裕的目标，推动中国特色社会主义现代化建设不断前进，彰显了以人民为中心的发展思想，拓宽了迈向共同富裕的中国道路。

一、全面建成小康社会

全面建成小康社会与共同富裕都是社会主义初级阶段的奋斗目标，全面建成小康社会是实现共同富裕的必要准备，实现共同富裕是全面建成小康社会后继续努力奋斗的方向，二者统一于社会主义现代化建设中。全面建成小康社会和共同富裕都反映了社会主义现代化进程。在庆祝中国共产党成立100周年大会上，习近平总书记庄严宣告“在中华大地上全面建成了小康社会”。

实现共同富裕是全面建成小康社会的最终目标与必然要求。社会主义经济发展的最终目标是提高全国人民的生活水平和质量，实现全体人民共同富裕。由于我国人口众多、基数大、生产力发展水平还不够高、经济文化发展不平衡、城乡之间差别需要解决的问题还有很多，这个基本国情在全面建成小康社会后，仍将会长期存在，要从根本上解决这些问题，最终实现共同富裕，还有很长的路要走。

二、社会主义核心价值观

社会主义核心价值观是社会主义价值体系中居于统治地位、起决定性指导作用的价值理念，2012年，党的十八大上用“三个倡导”概括了社会主义核心价值观的主要内容，即：“倡导富强、民主、文明、和谐，倡导自由、平等、公正、法治，倡导爱国、敬业、诚信、友善”，提出要“积极培育和践行社会主义核心价值观”[①]。培育和践行社会主义核心价值观是以习近平同志为核心的党中央建设中国特色社会主义先进文化、增强我国文化软实力的必由之

① 中共中央文献研究室．十八大以来重要文献选编：上．北京：人民出版社，2014：578.

路，成为实现共同富裕目标的重要价值引领。

改革开放以来，我国社会生产力得到快速发展，人民生活水平显著提高。同时，我们也看到，在经济发展中，由于片面强调经济发展，而忽视了价值观领域发展，使得部分人和地区社会理想信念弱化、道德滑坡、人情淡漠，价值观缺失，社会问题频发。强化社会主义核心价值观教育，倡导“富强、民主、文明、和谐”，将共同富裕上升到“富强和文明”的高度，意味着实现共同富裕已经不再只是物质精神层面的富裕，更是为了实现人的全面发展而实现的精神层面富裕。实现共同富裕，已经不能只满足人们最基本的吃穿住用行的需要，更要着眼于为人们提供一个各方面协调统一“和谐共处的生活和发展环境”。因此，只有充分认识实现共同富裕的现实条件，才能够更加全面深入地培育和践行社会主义核心价值观。

三、五大发展理念

发展理念是发展行动的先导，是管全局、管根本、管方向、管长远的东西。习近平总书记多次强调“人民对美好生活的向往，就是我们的奋斗目标”。在改善民生中提升全体人民共同富裕水平，以人民为中心的发展思想与共同富裕的根本原则相辅相成。

2015年10月，党的十八届五中全会明确提出了“创新、协调、绿色、开放、共享”五大发展理念，为中国特色社会主义新时代的发展指明了方向。五大发展理念深化了中国共产党对人类社会发展规律和中国特色社会主义建设规律的新认识，是对中国共产党发展理论的一次重大升华。

其中的“共享”理念非常鲜明地体现了社会主义的发展目的和发展目标，也体现了社会主义的本质要求。中国共产党人所强调的发展，必须坚持发展为了人民、发展依靠人民、发展成果由人民共享，不断使人民群众得到更多的实惠，使全体人民朝着共同富裕的方向稳步前进，要确保人民创造的财富不能由少数人去“独享”，更不能让少数既得利益者去“独占”，而必须由人民来共享，使全体人民在共建共享发展中有更多获得感、受益感。

五大发展理念为迈向共同富裕提供新的路径。创新是发展的永续动力，为实现全体人民共同富裕创造物质基础；协调是实现共同富裕的内部要求，也是检验共同富裕的标准，只有协调的发展才是可持续的；绿色是实现共同富裕的美丽底色，生态破坏的共同富裕是不完整的，也无法持久；开放是实现共同富裕的外部条件，全球化背景下只有开放、互利共赢才能更好的实现共同富裕；共享是实现共同富裕的出发点与落脚点，体现了中国共产党的初心与追求。

四、全面深化改革

2013年11月，党的十八届三中全会通过了《中共中央关于全面深化改革若干重大问题的决定》，以习近平同志为核心的党中央对于全面深化改革作出系统部署，强调从我国基本国情出发，落实全面深化改革的总体要求。“全面”和“深化”作为新一轮改革的特点，需要进一步统筹兼顾才能得以推动。把“完善和发展中国特色社会主义制度，推进国家治理体系和治理能力现代化”作为全面深化改革的总目标，指出“经济体制改革是全面深化改革的重点，核心问题是处理好政府和市场的关系，使市场在资源配置中起决定性作用和更好发挥政府作用。”①这远远超出了35年前经济体制改革的广度和深度。可以说，党的十八届三中全会制定了我国进一步改革开放的路线图，吹响了为实现“两个一百年”奋斗目标而奋力前进的号角，对于推动社会各领域变

① 习近平. 中共十八届三中全会在京举行 习近平作重要讲话. 人民日报，2013-11-13（1）.

革，加快全面建成小康社会步伐，实现全体人民共同富裕，具有重大而深远的影响。

全面深化改革“必须以促进社会公平正义，增进人民福祉为出发点和落脚点”[①]，这既是解决我国当前社会突出问题的迫切要求，又是实现共同富裕目标的内在要求。

只有让人民的利益高于一切，促进社会公平正义，才能让人民群众对改革开放充满信心，使经济持续健康发展、社会长期全面稳定，为实现共同富裕奠定社会基础。习近平总书记指出，“使改革发展成果更多更公平惠及全体人民”[②]，就是要通过各项改革，做到学有所教、劳有所得、病有所医、老有所养、住有所居，从而使改革得到更广泛的群众支持，为共同富裕奠定坚实的群众基础。

五、脱贫攻坚

习近平总书记指出，全面建成小康社会，最艰巨的任务是脱贫攻坚。党的十八大以来，以习近平同志为核心的党中央把脱贫攻坚放到治国理政的突出位置。习近平总书记将脱贫攻坚纳入“五位一体”总体布局和“四个全面”战略布局进行整体性部署，是新时代中国共产党带领全国人民消除绝对贫困、打赢脱贫攻坚战的重要理论遵循，也是全面建成小康社会、实现共同富裕的关键。2013年11月，习近平总书记到湖南湘西考察时首次作出“实事求是、因地制宜、分类指导、精准扶贫”的重要指示。2014年1月，中共中央办公厅对精准扶贫工作模式的顶层设计做出详细规划。2015年11月，中共中央政治局审议通过《关于打赢脱贫攻坚战的决定》，中国农村减贫全面转入精准扶

① 习近平. 习近平谈治国理政：第一卷. 北京：外文出版社，2018：96.
② 习近平. 习近平谈治国理政：第一卷. 北京：外文出版社，2018：13.

贫与脱贫攻坚阶段。对贫困地区和贫困人口实行精准识别、精准帮扶、精准管理，创新了扶贫方式。此后，我国逐步形成专项扶贫、行业扶贫、社会扶贫等多方力量、多种举措有机结合和互为支撑的“三位一体”大扶贫格局。精准扶贫与脱贫攻坚相结合，是扶贫对象和扶贫资源由县到村再到贫困人口的精准瞄准，实现了扶贫对象从“大水漫灌”到“精准滴灌”的转变，解决了部分不具备劳动能力贫困人口的脱贫问题，确保了全部贫困地区和贫困人口高质量脱贫。经过全党全国各族人民共同努力，在迎来中国共产党成立100周年的重要时刻，我国脱贫攻坚战取得了全面胜利，现行标准下9 899万农村贫困人口全部脱贫，832个贫困县全部摘帽，12.8万个贫困村全部出列，区域性整体贫困得到解决，完成了消除绝对贫困的艰巨任务[①]，彰显了党中央的坚强领导和中国特色社会主义制度的优越性，为实现全体人民共同富裕奠定了坚实的基础。

实现脱贫攻坚成果同乡村振兴有效衔接，对于全面建成小康社会，促进全体人民共同富裕具有重要作用。因此，需要以乡村振兴战略为抓手增强脱贫地区自身发展能力。一是统筹脱贫攻坚与乡村振兴有效衔接。解决城乡二元化问题、推进城乡减贫治理、建立新型城乡融合发展机制，利用互联网搭建共建共享平台、建立多元主体协同帮扶机制，强化产业科技和人才支撑、建立产业结构优化机制，加强多维贫困治理、衔接非贫困户与非贫困村的发展机制。二是构建脱贫攻坚与乡村振兴有效衔接联动机制[②]。乡村振兴与脱贫攻坚相比，在目标、资源、对象等方面有许多相似性，需要通过产业发展、社会治理的有效联动，针对目标对象、参与主体、推进方式、评价体系、政策支持进行过程联动，最终实现农村的产业兴旺、乡风文明、生活宜居、治理有效、生活富裕。三是依托乡村振兴巩固拓展脱贫攻坚成果。部分刚脱贫

① 习近平. 在全国脱贫攻坚总结表彰大会上的讲话. 人民日报，2021-02-26（2）.

② 张敏敏，傅新红. 精准扶贫与乡村振兴的联动机制建构. 农村经济，2019（12）：33-39.

的地区发展基础相对薄弱，现代化水平低，需要紧抓农业生产，建立现代化农业发展体系，不断推进农业现代化，积极引进人才资源，为乡村发展提供内生动力。

六、注重国际合作

消除贫困、实现共同富裕不仅是中国人民所追求的目标，也是世界各国人民的期待。党的十八大以来，中国共产党在推进社会主义现代化建设中更加注重从国际角度审视中国共同富裕的问题。注重加强国际合作，既为国内实现共同富裕创造良好外部条件，也为世界各国尤其是广大发展中国家提供帮助与经验。

2015年减贫与发展高层论坛在北京召开，习近平总书记做了《携手消除贫困，促进共同发展》的主旨演讲，阐述了中国政府在脱贫攻坚中的战略举措，强调中国愿意同广大发展中国家在消除贫困方面加强合作，提供不附带任何条件的帮助与技术支持，体现了中国在消除贫困方面的立场与智慧。

构建新型国际关系。2008年爆发于美国的金融危机造成世界各国经济动荡，严重冲击了西方国家主导的治理体系，全球处于深度变革中。习近平总书记提出人类命运共同体、“一带一路”等一系列推动世界各国合作共赢的新思想、新倡议，推动全球治理体系朝着对世界各国都有利的方向发展，为世界各国实现共同富裕创造良好的外部环境，有利于世界各国发展经济、消除贫困、改善民生。加强消除贫困的国际合作，推动共建人类命运共同体，是中国共产党推进共同富裕的中国方案。中国在推进共同富裕的同时坚持走合作共赢的道路，为广大发展中国家消除贫困提供经验与帮助，努力营造一个和平发展的世界环境，彰显了社会主义制度的优越性。

以习近平同志为核心的党中央深刻认识到共同富裕是中国特色社会主义

的本质，在改善民生过程中，努力营造和平发展的对内对外环境，促进全体人民共同富裕。“中国梦归根到底是人民的梦，必须紧紧依靠人民来实现，必须不断为人民造福。”[①]随着中国特色社会主义建设的持续推进，随着全面建成小康社会、建设社会主义现代化国家等目标的逐步实现，中华民族距离共同富裕目标的实现将会越来越近。

① 习近平. 习近平谈治国理政：第一卷. 北京：外文出版社，2018：40.

第三章 共同富裕的内涵和指标体系

中国共产党从成立之日起，就担负着为中国人民谋幸福，为中华民族谋复兴的初心和使命。脱贫攻坚战的全面胜利，消除了困扰中华民族几千年的绝对贫困，为促进全体人民共同富裕创造了良好条件。习近平总书记指出，“中国式现代化是全体人民共同富裕的现代化”。要把实现人民对美好生活的向往作为现代化建设的出发点和落脚点，着力维护和促进社会公平正义，着力促进全体人民共同富裕，坚决防止两极分化。这彰显了中国共产党在全面建设社会主义现代化国家新征程上，坚定不移促进全体人民共同富裕的决心，使亿万人民更清晰地看到实现共同富裕的美好前景。

第一节　共同富裕的内涵

共同富裕是社会主义的本质要求，是全体人民群众的共同期盼，也是我们党矢志不渝的奋斗目标。习近平总书记关于共同富裕的重要论述，为新时代共同富裕注入新的内涵。新时代的共同富裕就是在中国共产党的领导下，坚持社会主义基本经济制度和以人民为中心的发展思想，实现高质量发展，依靠人民群众辛勤劳动，通过按劳分配、税收分配、社会保障、转移支付、慈善捐赠等手段，缩小区域差距、城乡差距、行业差距，更好地满足人民日益增长的美好生活需要，逐步实现全体人民生活富裕富足、精神自信自强、环境宜居宜业、社会和谐和睦、公共服务普及普惠。

一、共同富裕是全民富裕

共同富裕是全体人民都享有的富裕，14亿多人一个都不能少。习近平总书记强调："共同富裕是社会主义的本质要求，是人民群众的共同期盼。我们推动经济社会发展，归根结底是要实现全体人民共同富裕。"中国共产党自成立之日起便将人民放在心中最高位置上，牢记为人民谋幸福的初心，实现全体人民共同富裕，要不断"解放生产力，发展生产力，消灭剥削，消除两极分化"，坚持以人民为中心的发展思想，满足全体人民经济、政治、文化、社会、生态需要。同时，共同富裕不是一部分人、一部分地区的富裕，而是城市与农村、各个区域与地区都享有的富裕，是14亿多人共享改革发展成果、奔赴幸福美好生活的富裕。共同富裕需要全体中国人民脚踏实地、共同建设，在先富带动后富中，共享改革发展成果，共创幸福美好未来。

二、共同富裕是物质精神富裕

共同富裕是物质文明和精神文明的富裕。习近平总书记指出，"我们说的共同富裕是全体人民共同富裕，是人民群众物质生活和精神生活都富裕"，是物质文明和精神文明的共同发展。在构想未来社会时，马克思曾经提到，共产主义社会"生产将以所有的人富裕为目的"，是生产力高度发达的社会。新中国成立以来，中国共产党人带领全体人民围绕共同富裕的目标进行了艰难探索，从推进农业合作化道路和工业现代化道路到实施改革开放，从农村和城市体制改革到大规模的扶贫开发，不断努力。当前，国内生产总值已经达到114

万亿元，稳居世界第二大经济体地位，取得了脱贫攻坚战胜利，全面建成小康社会，实现了低收入群体“富口袋”的前提基础；同时，共同富裕还要注重精神文明高度发展，丰富人民精神生活，推动人民精神自信自强，推动全体人民“富脑袋”。通过打造新时代精神文明高地，加强精神文明建设，满足人民多样化的精神文化需求，使“所有劳动者过最美好的、最幸福的生活”，提高人民的获得感、幸福感、安全感、认同感，实现人的自由而全面的发展。

三、共同富裕是全面富裕

共同富裕需要经济、政治、文化、社会、生态全面发展。《中共中央 国务院关于支持浙江高质量发展建设共同富裕示范区的意见》中指出，共同富裕是“普遍达到生活富裕富足、精神自信自强、环境宜居宜业、社会和谐和睦、公共服务普及普惠，实现人的全面发展和社会全面进步”。达到生活富裕富足，需要人民富裕程度和区域富裕程度明显提高，城乡、区域、群体差异程度大幅降低，经济循环效率大幅提升，中等收入群体比重有序提高，中间大、两头小的橄榄型分配结构基本形成，在高质量发展中夯实共同富裕的物质基础；精神自信自强需要社会文明程度大幅提升，精神文明高地基本形成，全社会精神文明全面提升，人民精神文化生活极大丰富，全体人民精神自信自强；环境宜居宜业体现在人与自然和谐共生，高水平建成美丽中国，全面推进生产生活方式绿色转型，生活环境宜居宜业；社会和谐和睦需要自治、法治、德治融合的城乡基层社会治理体系不断健全，社会治理能力大幅提升，法治中国、平安中国高水平建成，社会和谐和睦；公共服务普及普惠需要基本公共服务均等化、城乡一体化发展基本实现，处理好效率和公平的关系，城乡区域发展差距明显缩小，公共服务普及普惠、实现优质共享；政治文明需要不断提高社会主义民主形式、民主渠道不断丰富，党的领导贯穿共同富裕全过程、各领域、各环节，基层党组织推动建设共同富裕能力明显提升，群众对党和政府的认同感、拥护度不断提升。

四、共同富裕是逐步富裕

共同富裕是逐步富裕，是有先有后、循序渐进的富裕。一方面，共同富裕需要渐进式发展。我国幅员辽阔，不同区域、群体之间的差距决定了实现共同富裕必须要经历一个逐步实现的过程，需要兼顾发展的差异性、过程性、全面性，分群体、分区域、分行业推进。先允许一部分群体富裕起来，再鼓励其通过慈善捐赠等方式回馈社会，以先富带动后富，最终实现全体人民共同富裕；先鼓励有条件的东部沿海地区富裕起来，再通过西部大开发、中部崛起、东北振兴等战略，利用税收、社会保障、转移支付等手段，以东部发达地区带动中西部欠发达地区发展，逐步实现全国区域协调发展；先集中资源进行工业化、城市化建设，再施行“工业反哺农业、城市支持农村”，推进乡村振兴战略，在农业农村现代化中逐步实现城乡共同富裕。另一方面，共同富裕需要分阶段分区域实现。2021年8月，中央财经委员会第十次会议强调，“共同富裕不是整齐划一的平均主义，要分阶段促进共同富裕”。共同富裕在实现过程中需要兼顾各区域各阶段发展的差异性，制定每个时期具体的发展目标，分阶段分步骤实施。“十四五”期间实现“全体人民共同富裕迈出坚实步伐”，2035年前后“全体人民共同富裕取得更为明显的实质性进展”，才能确保本世纪中叶“全体人民共同富裕基本实现”。

五、共同富裕是共建共享富裕

共同富裕离不开全体人民勤劳创新和共同奋斗。做大蛋糕是实现共同富裕的前提，需要继续不断解放和发展生产力，这离不开全体人民的共同努力和艰苦奋斗。习近平总书记强调，“幸福生活都是奋斗出来的，共同富裕要靠勤劳智慧来创造”。不想努力，不愿奋斗，只想搭乘共同富裕便车，是行不通的。新时代的共同富裕就是要在中国共产党的领导下，全国各族人民通过辛勤劳动和艰苦奋斗才能最终实现。同时，分好蛋糕是实现共同富裕的关键，处理好公平和效率的关系需要重点解决好发展不平衡不充分问题，不断缩小城乡、区域、群体间的发展差距；量力而行，在可持续发展的基础上保障和改善民生；完善全体人民利益联结机制，加快形成人人享有的合理分配格局，着力推进机会均等、权利均等、服务均等，让全体劳动者共享发展新成果、新局面、新氛围，共享幸福美好生活。

在全面建成小康社会后，在朝着社会主义现代化新征程迈进的过程中，共同富裕需要更为完善的制度保证、更为坚实的物质基础和更加主动的精神担当，其内涵更加注重全体人民共同富裕、更加注重分阶段分区域逐步实现、更加注重人的全面发展。

第二节　共同富裕的指标体系

面对实现共同富裕的时间表和路线图，确定衡量共同富裕实现程度和水平的评价标准，设定共同富裕的指标体系，具有十分重要的意义。

一、构建共同富裕指标体系

构建新时代共同富裕的指标体系，主要从“经济高质量发展”“人民生活富足”与“公共服务普惠”3个维度设定，具体指标能够体现共同富裕的时代要求，指标体系相对丰富完善。

（一）共同富裕指标体系构建原则

科学性与可行性相结合。共同富裕指标体系是一项系统工程，首先，应当明确其概念内涵，划分出具体的二级维度，全面展现共同富裕的建设进展，体现指标设计的科学性。其次，我国幅员辽阔，不同地区自然地理环境差距较大，在选择指标时应当考虑能够横向可比，具有参考价值的指标。最后，指标体系需要有较强的推广适用性，要重点选取统计年鉴中明确、易得的指标或容易换算的指标。

综合性与代表性相结合。共同富裕内涵丰富，涉及领域较广，需要反映收入水平、贫富差距、精神文化、公共服务、生态环境等内容，能够体现人民日益增长的美好生活需要，因此反映共同富裕实现程度的指标体系是一项系统工程。但值得注意的是，指标的选择并非越多越好，指标太多容易使指标之间难以满足不同变量间的单调性准则，最终可能导致评价结果与现实不相符。因此需要在指标的综合性和代表性之间取得平衡，既能展现共同富裕的全面内涵，又能突出推进共同富裕的重难点内容。

准确性与引领性相结合。围绕共同富裕的内涵，重点选取能够反映人民群众期待、反映实际差距或现状的指标，合理反映新时代要求。此外，指标既要以事实为依据，反映现实情况，又要有一定的前瞻性与导向性，与社会主义现代化建设过程相适应，促进共同富裕，因此可以适当创设新指标。

（二）共同富裕指标选取

共同富裕指标体系既是结合现实进行评估的工具，又是实现共同富裕目标的顶层设计与价值引领。指标遴选是指数构建的关键，指标选取的准确与否直接决定共同富裕量化方法的合理程度。结合现有基础，分别从经济高质量发展、人民生活富足、公共服务普惠3个维度选取20个指标进行测算。

在经济高质量发展方面，按照3个准则选取6项指标。生产效率是经济高质量发展的直观体现，选取“地区GDP增速”与“全员劳动生产率”两个指标，前者反映地区经济总量的增长速度，后者为地区GDP（现价）与全部就业人员年平均人数的比率，能够说明劳动力的价值创造能力。创新能力是经济高质量发展的根本动力。选取“第三产业增加值占GDP比重”反映经济运行的贡献力量，选取“R&D经费支出占GDP比重”反映科技投入强度，选取“每万人专利申请数”衡量经济创新能力的最终表现。城乡结构是经济高质量发展的重要体现，选取“城镇人口比重”说明经济发展的带动辐射能力。

在人民生活富足方面，按照3个准则选取7项指标。收入水平是人民生活富足的关键，选取“城镇居民人均可支配收入”与“农村居民人均可支配收入”两项指标分别反映城镇居民与农村居民收入水平的绝对量，选取“城乡人均可支配收入比”衡量城乡居民收入的相对差距。消费能力是人民生活富足的直观体现，选取“居民人均消费支出”体现居民生活水平和质量，选取“居民平均每百户年末计算机拥有量”反映居民耐用大件消费品拥有量。就业与住房是影响居民生活质量的重要因素，选取“城镇登记失业率”反映居民就业状况，选取“居民人均可支配收入与房价比”反映居民购房的难易程度。

在公共服务普惠方面，按照6个准则选取7项指标。教育是公共服务的重要内容，也是积累人力资本的主要方式，选取“小学生师比”与“文盲人口占15岁及以上人口的比重”两个指标反映义务教育阶段的教育发展水平。医疗卫生与居民生活质量息息相关，选取“每万人拥有执业（助理）医师数”说明医疗卫生事业建设情况。丰富的精神文化生活是美好生活需要的重要内容，选取“人均拥有公共图书馆藏量”反映公共文化事业供给状况。公共设施是居民出行的重要依托，选取“人均城市道路面积”衡量城市道路基础设施的发达程度。生态环境是最普惠的民生福祉，选取“森林覆盖率”反映土壤环境与大气环境状况。社会组织数量是反映社会治理成效的重要指标，选取

“每万人拥有社会组织单位数”反映社会治理现代化水平。

根据指标含义，将所有指标划分为正向指标或负向指标。最终确立各维度单项指标（见表3-1）。

表3-1　共同富裕指标体系

评价维度	准则层	具体指标	指标类型
经济高质量发展	生产效率	地区GDP增速（%）	正向
		全员劳动生产率（万元/人）	正向
	创新能力	第三产业增加值占GDP比重（%）	正向
		R&D经费支出占GDP比重（%）	正向
		每万人专利申请数（件）	正向
	城乡结构	城镇人口比重（%）	正向
人民生活富足	收入水平	城镇居民人均可支配收入（元）	正向
		农村居民人均可支配收入（元）	正向
		城乡人均可支配收入比	负向
	消费能力	居民人均消费支出（元）	正向
		居民平均每百户年末计算机拥有量（台）	正向
	生活质量	城镇登记失业率（%）	负向
		居民人均可支配收入与房价比	正向
公共服务普惠	义务教育	小学生师比	负向
		文盲人口占15岁及以上人口的比重（%）	负向
	医疗卫生	每万人拥有执业（助理）医师数（人）	正向
	精神文化	人均拥有公共图书馆藏量（册）	正向
	公共设施	人均城市道路面积（平方米）	正向
	生态环境	森林覆盖率（%）	正向
	社会治理	每万人拥有社会组织单位数（个）	正向

（三）共同富裕指标数据来源

根据共同富裕指标体系的构建原则，考虑数据可操作性与可得性，选取全国除香港、澳门、台湾外31个省份作为评价对象。所用各指标数据大部分来源于国家统计局官方网站中发布的分省年度数据、少部分数据来自《中国统计年鉴2021》《中国卫生健康统计年鉴2021》《中国农村统计年鉴2021》。

（四）共同富裕指标体系权重测算

本书采用熵权法对共同富裕各指标的权重进行测算。熵权法是一种根据指标数据的变异性来确定权重的客观赋权法。一般来说，若某个指标的信息熵越小，表明指标值的变异程度越大，提供的信息量越多，其权重也就越大，反之则说明其权重也就越小。相较于专家打分法、层次分析法等主观赋权法，熵权法能够充分保留原始数据信息，说服力强。

第一步，对原始数据进行归一化处理。构建共同富裕的评价指标体系，设由m个评价指标，n个评估省份构成的原始数据矩阵$\boldsymbol{A}$为：

$$\boldsymbol{A}=\begin{pmatrix} x_{11} & x_{12} & \cdots & x_{1n} \\ x_{21} & x_{21} & \cdots & x_{2n} \\ \vdots & \vdots & \vdots & \vdots \\ x_{m1} & x_{m2} & \cdots & x_{mn} \end{pmatrix} \tag{3-1}$$

由于不同数据间量纲的差异，采用归一法对原始数据矩阵$\boldsymbol{A}$进行处理，得到矩阵

$$\boldsymbol{P}=(p_{ij})_{m\times n} \tag{3-2}$$

其中p_{ij}为第j个对象在第i个指标上的标准值。对于正向指标，采用

$$p_{ij}=\frac{x_{ij}-\min\{x_{ij}\}}{\max\{x_{ij}\}-\min\{x_{ij}\}} \tag{3-3}$$

对于负向指标，采用

$$p_{ij}=\frac{\max\{x_{ij}\}-x_{ij}}{\max\{x_{ij}\}-\min\{x_{ij}\}} \tag{3-4}$$

第二步，定义熵值。在n个对象m个评价指标的共同富裕评价体系中，将第i个指标的熵定义为：

$$H_i=-k\sum_{j=1}^{n} f_{ij}\ln f_{ij} \tag{3-5}$$

式（3-5）中$f_{ij}=\frac{p_{ij}}{\sum_{i=1}^{m} p_{ij}}$，$k=\frac{1}{\ln n}$（当$f_{ij}=0$时，$f_{ij}\ln f_{ij}=0$）。

第三步，定义熵权。在定义第i个指标熵值的基础上，可以得到其熵权

$$W_i=\frac{1-H_i}{m-\sum_{i=1}^{m} H_i} \tag{3-6}$$

其中$0\leqslant W_i\leqslant 1$，$\sum_{i=1}^{m} W_i=1$。各项指标权重计算结果见表3-2。

表3-2　共同富裕指标权重

评价维度	具体指标	信息熵值e	效用值d	权重	排序
经济高质量发展	地区GDP增速（%）	0.980	0.020	0.016	19
	全员劳动生产率（万元/人）	0.916	0.084	0.066	6
	第三产业增加值占GDP比重（%）	0.866	0.134	0.107	1
	R&D经费支出占GDP比重（%）	0.948	0.052	0.041	11
	每万人专利申请数（件）	0.875	0.125	0.099	3
	城镇人口比重（%）	0.975	0.025	0.020	17
人民生活富足	城镇居民人均可支配收入（元）	0.891	0.109	0.086	4
	农村居民人均可支配收入（元）	0.925	0.075	0.059	7
	城乡人均可支配收入比	0.972	0.028	0.022	16
	居民人均消费支出（元）	0.912	0.088	0.070	5

续表

评价维度	具体指标	信息熵值e	效用值d	权重	排序
人民生活富足	居民平均每百户年末计算机拥有量（台）	0.955	0.045	0.036	12
	城镇登记失业率（%）	0.966	0.034	0.027	14
	居民人均可支配收入与房价比	0.965	0.035	0.028	13
公共服务普惠	小学生师比	0.927	0.073	0.058	8
	文盲人口占15岁及以上人口的比重（%）	0.989	0.011	0.009	20
	每万人拥有执业（助理）医师数（人）	0.930	0.070	0.055	9
	人均拥有公共图书馆藏量（册）	0.868	0.132	0.104	2
	人均城市道路面积（平方米）	0.977	0.023	0.018	18
	森林覆盖率（%）	0.933	0.067	0.053	10
	每万人拥有社会组织单位数（个）	0.968	0.032	0.025	15

从表3-2可知，经济高质量发展维度6项指标总权重为0.349、人民生活富足维度7项指标总权重为0.328、公共服务普惠维度7项指标总权重为0.322。结合熵权法的含义，能够粗略认为在经济高质量发展维度，各省份的相对差距较人民生活富足与公共服务普惠维度的相对差距更大。此外，经济高质量发展维度中的“第三产业增加值占GDP比重”权重为0.107，排名第一，“每万人专利申请数”权重为0.099，排名第三，也能够佐证各省份经济高质量发展相对差距更大。“文盲人口占15岁及以上人口的比重”权重最低，能够说明各省份该项指标相对差距最小，反映出当前义务教育普及程度较好。

二、共同富裕指标体系的具体应用

马克思曾指出：“一门科学只有在成功地运用数学时，才算达到真正完善的地步。”共同富裕指标体系在权重确定基础上进一步运用数学方法，定量分析各省份探索共同富裕道路的进展，发现其中的问题，为相关部门提供参考。

（一）研究方法

TOPSIS综合评价法是一种常用的多元系统评价方法，其基本过程基于归一化后的原始数据矩阵，采用余弦法找出有限方案中的最优方案和最劣方案，通过分析研究目标与“最优方案”和“最劣方案”的靠近程度来评价研究对象的优劣。该方法对数据分布及样本含量没有严格限制，数据计算较为简单。

设全国有m个省份，每个省份有n个指标参数，形成一个初始决策矩阵$\boldsymbol{A}$，TOPSIS法综合分析步骤如下。

第一步，将初始决策矩阵$\boldsymbol{A}$规范化为Z_ij^′，其内部元素为：

$$Z'_{ij}=\frac{f_{ij}}{\sqrt{\sum_{i=1}^{n} f_{ij}^{2}}} \tag{3-7}$$

其中i=1，2，…，m；j=1，2，…，n，f_{ij}，为第i个方案的第j个目标，由决策阵给出。

第二步，构造规范化加权矩阵$\boldsymbol{Z}$，其元素为Z_{ij}，

$$Z_{ij}=W_j Z'_{ij} \tag{3-8}$$

其中i=1，2，…，m；j=1，2，…，n，W_j为第j个省份特性指标权重：

$$W_j=\frac{f_j}{\sum_{j=1}^{n} f_j} \tag{3-9}$$

第三步，确定正、负理想解。

$$\begin{cases} Z^{+}=(Z_1^{+},\ Z_2^{+},\ \cdots,\ Z_n^{+}) \\ Z^{-}=(Z_1^{-},\ Z_2^{-},\ \cdots,\ Z_n^{-}) \end{cases} \tag{3-10}$$

第四步，用以下公式计算每个省份特性指标到正、负理想点的距离。

$$D_j^+=\sqrt{\sum_{i=1}^{m}(Z_{ij}-Z_i^+)^2}\ (j=1,\ 2,\ \cdots,\ n) \tag{3-11}$$

$$D_j^-=\sqrt{\sum_{i=1}^{m}(Z_{ij}-Z_i^-)^2}\ (j=1,\ 2,\ \cdots,\ n) \tag{3-12}$$

第五步，计算各评价对象与最优方案的贴近程度，结合距离值计算得出综合度得分C值，并进行排序：

$$C_j^+=\frac{D_j^-}{D_j^+ + D_j^-} \tag{3-13}$$

其中$0\leqslant C_j^+\leqslant 1$，$j=1,\ 2,\ \cdots,\ n$。越接近1代表该省份离目标值越近，共同富裕综合得分越高，是更理想化的评价结果。最终计算结果见表3-3所示。

表3-3 各省份共同富裕综合得分及各维度测度

省份	综合得分	排序	经济高质量发展得分	排序	人民生活富足得分	排序	公共服务普惠得分	排序
平均值	0.292	—	0.267	—	0.323	—	0.275	—
上海	0.723	1	0.718	2	0.818	1	0.686	1
北京	0.668	2	0.741	1	0.787	2	0.508	2
浙江	0.514	3	0.468	6	0.690	3	0.419	4
天津	0.479	4	0.530	3	0.490	5	0.429	3
江苏	0.442	5	0.478	5	0.503	4	0.361	6
广东	0.408	6	0.492	4	0.482	6	0.183	28
福建	0.336	7	0.315	7	0.413	7	0.251	15
山东	0.290	8	0.287	8	0.359	8	0.262	14
吉林	0.285	9	0.167	23	0.238	22	0.386	5
辽宁	0.278	10	0.224	14	0.281	12	0.320	8

续表

省份	综合得分	排序	经济高质量发展得分	排序	人民生活富足得分	排序	公共服务普惠得分	排序
内蒙古	0.273	11	0.170	20	0.302	10	0.361	7
湖南	0.261	12	0.235	13	0.337	9	0.221	16
海南	0.260	13	0.263	11	0.243	21	0.207	21
重庆	0.260	14	0.272	10	0.278	13	0.221	17
安徽	0.249	15	0.283	9	0.284	11	0.186	25
黑龙江	0.245	16	0.123	31	0.232	23	0.320	9
宁夏	0.240	17	0.200	16	0.228	25	0.313	10
江西	0.237	18	0.206	15	0.270	14	0.185	27
湖北	0.236	19	0.239	12	0.262	15	0.188	24
青海	0.215	20	0.138	28	0.229	24	0.279	11
山西	0.215	21	0.162	24	0.213	26	0.271	13
河北	0.212	22	0.188	17	0.250	16	0.210	20
四川	0.211	23	0.184	18	0.245	19	0.197	23
广西	0.210	24	0.137	29	0.248	17	0.186	26
甘肃	0.209	25	0.173	19	0.156	31	0.278	12
陕西	0.197	26	0.168	22	0.179	28	0.203	22
河南	0.186	27	0.168	21	0.243	20	0.170	29
西藏	0.185	28	0.151	25	0.198	27	0.212	19
新疆	0.184	29	0.126	30	0.245	18	0.213	18
云南	0.181	30	0.141	27	0.158	30	0.160	30
贵州	0.159	31	0.143	26	0.161	29	0.149	31

（二）各省份共同富裕综合得各及各维度测度分析

1.共同富裕综合得分排名

从表3-3可以发现，共同富裕综合得分排名前10的省份大部分位于东部沿海地区，大致上与我国经济总量排名前10位的省份基本重合，这表明经济发展水平与共同富裕建设情况高度相关。从各维度得分排名来看，上海的人民生活富足、公共服务普惠维度得分第一，经济高质量发展维度得分第二，充分说明上海在共同富裕建设方面居领头羊地位。此外，地区间发展差距也较大，不平衡不充分矛盾较为凸显。例如，上海共同富裕综合得分为全国平均值的2.48倍，经济高质量发展、人民生活富足与公共服务普惠三大维度得分依次为全国平均值的2.69倍、2.53倍、2.49倍。与得分最低的贵州相比较，上海共同富裕得分更是高达贵州的4.56倍，经济高质量发展、人民生活富足与公共服务普惠三大维度得分依次高达贵州的5.03倍、5.08倍、4.62倍，凸显出经济发达地区与相对落后地区的巨大差距。但也能发现，浙江在评价体系中表现也很突出，共同富裕综合得分仅次于北京和上海，三项维度得分也位居前列且较为均衡。考虑到浙江的面积与人口，加上所具备的优势条件与均衡基础，浙江无疑能够高标准推进共同富裕示范区，走出一条适合中国国情的共同富裕之路。

通过对比表3-3各省份共同富裕综合得分，进一步对其进行聚类分析，得到图3-1。处于第一梯队的有上海、北京、浙江、天津、江苏、广东、福建，该梯队省份主要集中在东部沿海发达地区，整体经济实力较强，但梯队内部差距同样较大；处于第二梯队的有山东、吉林、辽宁、内蒙古、湖南、海南、重庆、安徽、黑龙江、宁夏、江西、湖北，该梯队省份大部分位于中部经济强省与东北地区，整体发展潜力较大；处于第三梯队的有青海、山西、河北、四川、广西、甘肃、陕西、河南、西藏、新疆、云南、贵州，该梯队省份大部分位于中西部欠发达地区，梯队内部相对差距最小。

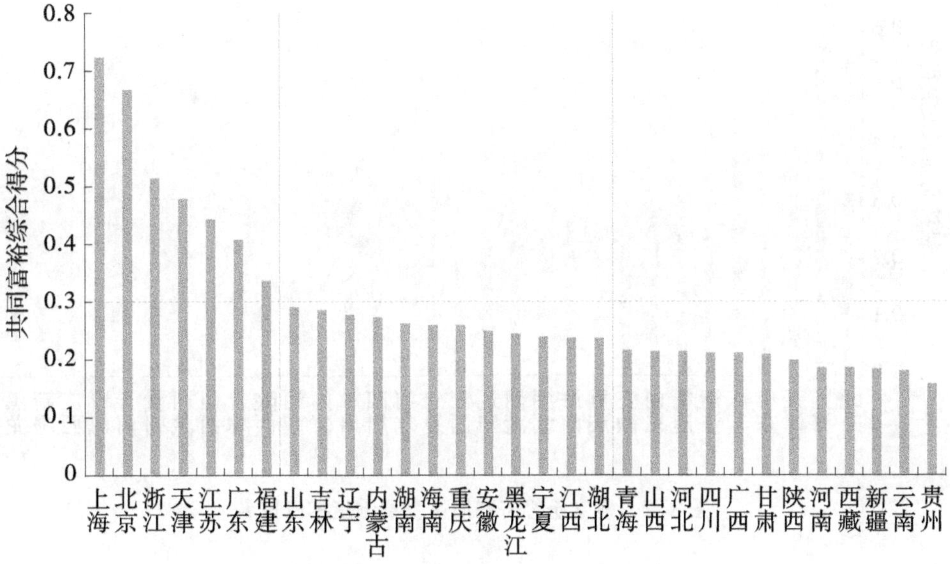

图3-1　各省份共同富裕综合得分梯度排名

注：图中横向虚线为各省份平均线，纵向实线为梯度划分线，下图同。

2. 三大维度排名

结合图3-2分析发现，各省份经济高质量发展维度分布情况较共同富裕综合得分差距更大，得分最高的北京与得分最低的黑龙江差距高达6.04倍。处于第一梯队的有北京、上海；处于第二梯队的有天津、广东、江苏、浙江；处于第三梯队的有福建、山东、安徽、重庆、海南、湖北、湖南、辽宁、江西、宁夏；处于第四梯队的有河北、四川、甘肃、内蒙古、河南、陕西、吉林、山西、西藏、贵州、云南、青海、广西、新疆、黑龙江。对比共同富裕综合得分，发现各省份经济高质量发展维度不同，则梯队之间“台阶”效应更为明显，不同梯队间差距更加巨大，区域间经济发展的梯度性带来经济高质量发展得分的梯度性。

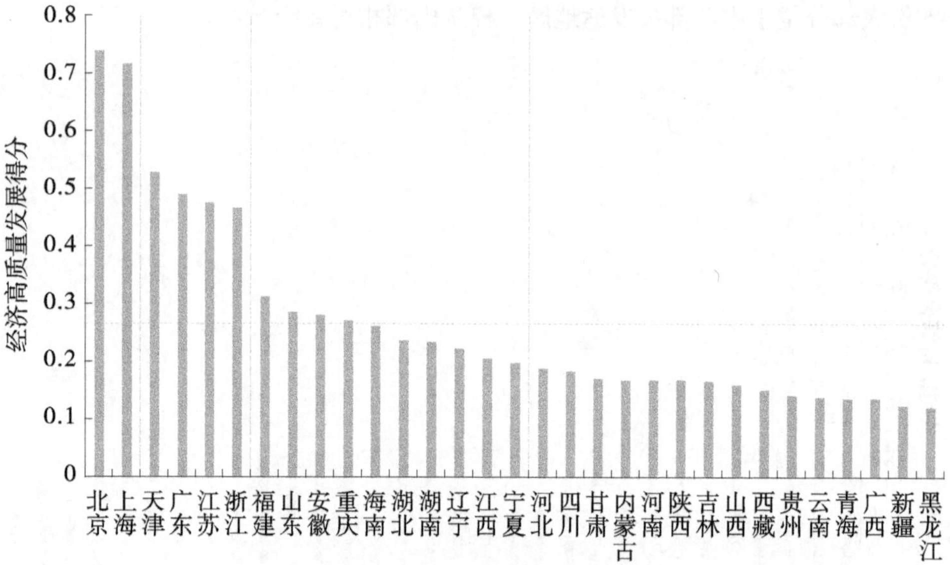

图3-2　各省份经济高质量发展维度梯度排名

结合图3-3分析发现，人民生活富足维度得分最高的上海与最低的甘肃差距达到5.25倍。人民生活富足维度，位于第一梯队的有上海、北京、浙江；位于第二梯队的有江苏、天津、广东、福建、山东、湖南；位于第三梯队的有内蒙古、安徽、辽宁、重庆、江西、湖北、河北、广西、新疆、四川、河南、海南、吉林；位于第四梯队的有黑龙江、青海、宁夏、山西、西藏、陕西、贵州、云南、甘肃。发现各省份人民生活富足维度差距与经济高质量发展维度差距有高度相关性，认为两者是共同富裕综合得分差距的主要贡献源。

结合图3-4分析发现，公共服务普惠维度，得分最高的上海与得分最低的贵州之间差距达到4.62倍。位于第一梯队的有上海、北京；位于第二梯队的有天津、浙江、吉林、江苏、内蒙古、辽宁、黑龙江、宁夏、青海、甘肃、山西；位于第三梯队的有山东、福建、湖南、重庆、新疆、西藏、河北、海

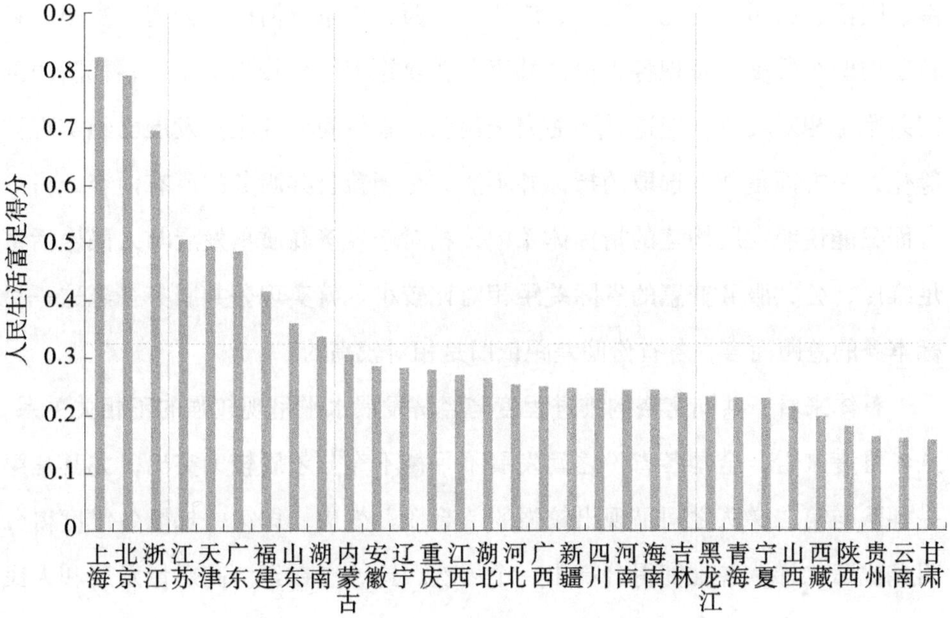

图3-3 各省份人民生活富足维度梯度排名

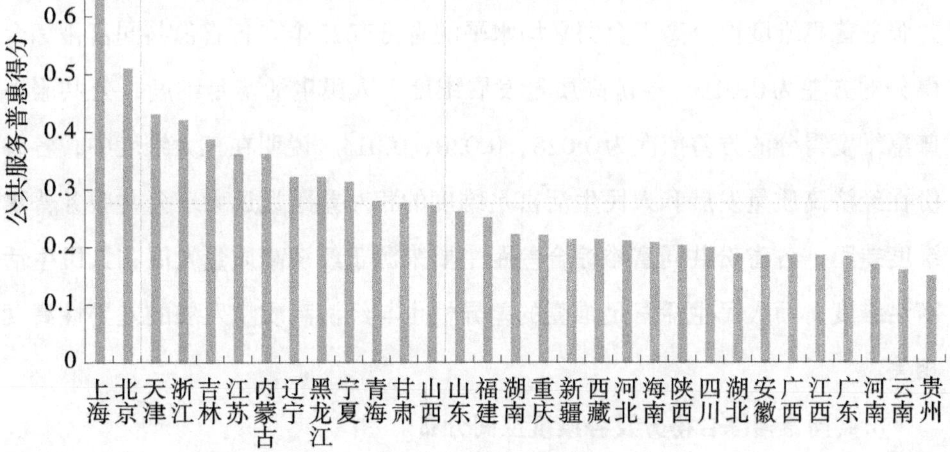

图3-4 各省份公共服务普惠维度梯度排名

南、陕西、四川、湖北、安徽、广西、江西、广东、河南、云南、贵州。相较于前两个维度，发现各省份公共服务普惠维度得分较为均衡，各梯队内部间差距也相对较小。但这并不能完全说明各省份间公共服务发展已经实现均等化，一方面是现有选取的指标并不能完全涵盖公共服务的所有内容，另一方面只能说明在所构建的指标体系中，相对于经济高质量发展与人民生活富足维度，公共服务普惠的省际差距相对比较小。就实现公共服务普惠这一目标本身的差距而言，各省份间差距依旧是相对较高的。

整体来看，共同富裕的推进程度与经济发展水平呈现较强的正相关关系。从各维度来看，全国各省份之间发展不平衡不充分矛盾较为突出，尤其是第一梯队与第二梯队之间呈现出较强的“台阶”效应，即第一梯队各维度得分明显比第二梯队各维度得分高出一个层次，这一点在经济高质量发展和人民生活富足维度尤为突出。此外，不难发现大部分的中西部省份，各维度发展均全面落后于东部经济发达省份。

从共同富裕综合得分与各个维度之间的差距来看。共同富裕综合得分高于全国平均水平的省份有7个，经济高质量发展维度得分高于全国平均水平的省份有10个，人民生活富足维度得分高于全国平均水平的省份有9个，公共服务普惠维度得分高于全国平均水平的省份有12个。各省份共同富裕综合得分的方差为0.019，经济高质量发展维度、人民生活富足维度、公共服务普惠维度得分的方差依次为0.028、0.030、0.014，说明在三大维度中，各省份在经济高质量发展和人民生活富足维度的相对差距远远大于公共服务普惠维度差距，各省份共同富裕综合差距主要来源于经济高质量发展和人民生活富足维度，而人民生活富足维度的差异性也与经济高质量发展的差异性高度相关。

3.共同富裕综合得分及各维度空间分布

共同富裕综合得分具有显著的空间聚集效应，在整体呈现上“东南聚集，区域连片”的特征，即第一梯队大多位于东南沿海地区，第二梯队大多位于中部地区和东北三省，相邻区域间发展的同质性较强，不同区域间的异质性较为凸显。

在经济高质量发展维度上，南方尤其是东南区域得分显著高于北方。在人民生活富足维度上，南北方相对差异不大，而西北、西南边疆地区则呈现出发展相对不足的状况，与地理环境因素关联较大。在公共服务普惠维度上，北方发展水平显著高于南方。整体来看，各省份经济高质量发展维度和人民生活富足维度的相对差距对共同富裕综合得分差距呈现“正向”效应，而各省份公共服务普惠维度的相对差距则缩小了共同富裕综合得分的差距，呈现“负向”效应。

（三）影响共同富裕的重要指标分析

根据表3-2所确定的指标权重，使用SPSS20.0对原始数据进行分析。结合指标权重结果，重要性程度排名前6项的指标依次为“居民人均消费支出”“居民平均每百户年末计算机拥有量”“农村居民人均可支配收入”“全员劳动生产率”“城镇人口比重”“城镇居民人均可支配收入”。

在这6项指标中，“居民人均消费支出”与“居民平均每百户年末计算机拥有量”两项指标都是反映人民生活水平的关键指标，前者反映用于满足家庭日常生活消费的全部支出，后者则体现地区居民生活质量与互联网发展状况。“农村居民人均可支配收入”与“城镇居民人均可支配收入”两项指标反映的是农村（城镇）居民可用于最终消费支出和储蓄的总和。“全员劳动生产率”与“城镇人口比重”两项指标反映的是经济高质量发展的重要指标，前者是测度企业生产技术水平、经营管理水平的综合表现，后者是反映地区工业化、城市化水平。因此，影响共同富裕目标的关键还是要在“把蛋糕做大”的同时“分好蛋糕”，要在坚持社会主义基本经济制度的前提下，不断提高劳动生产率，实现高质量发展，确保劳动者收入的同步增长，发展社会保障与公共服务事业，提高劳动者人均消费支出，提升生活品质，推进城镇化。

通过构建共同富裕指标体系，对全国除香港、澳门、台湾外31个省份进行分析后，可以得出如下结论。第一，经济高质量发展与共同富裕建设情况高度相关，各省份经济高质量发展和人民生活富足两个维度的“梯度性”带来共同富裕建设情况的“梯度性”，而公共服务普惠维度的“梯度性”作用则相反，因此，需要在经济高质量发展中促进人民生活富足，缩小区域省际差距。第二，各省份实现共同富裕的差异性较大，第一梯队和第二梯队间具有明显的“台阶”效应，而第二、第三梯队的中西部省份间相对差距较小，说明未来推进共同富裕的重点在于“提低”，充分挖掘中西部地区的发展潜力。第三，相较于其他指标，居民收入与消费的相关指标对共同富裕的影响较大。

第四章
迈向共同富裕面临的挑战

我国全面建成小康社会为新发展阶段推动全体人民共同富裕奠定了坚实的基础，然而，“我国发展不平衡不充分问题仍然突出，城乡区域发展和收入分配差距较大，全国各地整体实现共同富裕的基础和条件各不相同”，迈向共同富裕的中国道路在收入分配、基本公共服务、社会保障、中等收入群体、精神文明建设等领域依然面临着严峻的挑战。

第一节　收入分配差距持续存在

改革开放40多年，我国经济持续快速增长，经济社会发展取得了举世瞩目的成就。为了适应经济社会发展需要，我国收入分配领域发生一系列变化，但是导致收入差距扩大的制度因素和政策因素没有发生根本性变化，使得收入分配领域出现一定问题。

一、收入分配领域新变化

党的十八大以来，党中央、国务院高度重视收入分配制度改革，针对收入分配领域存在的突出矛盾和问题，从完善社会主义市场经济体制出发，于

2013年2月颁布《关于深化收入分配制度改革的若干意见》(简称《若干意见》)，为我国开展收入分配领域改革提供了权威的制度性文件，明确了改革方向，《若干意见》指出，要“切实完善生产要素按贡献度参与初次分配机制，加快构建以转移支付、社保和税收调节的再分配机制，促进居民收入水平上升和国民经济持续增长”。2016年《中共中央关于制定国民经济和社会发展第十三个五年规划的建议》进一步提出要积极调整国民收入分配格局，在规范初次分配的基础上，加大收入分配力度，推进居民收入增长与经济增长同步，劳动报酬提高与劳动生产率提高同步，切实增加低收入者劳动收入，扩大中等收入群体比重，逐步缩小收入差距。党的二十大报告中提出：要坚持按劳分配为主体、多种分配方式并存，构建初次分配、再分配、第三次分配协调配套的制度体系。不断加大税收、社会保障、转移支付等的调节力度，使收入分配制度改革不断深入。

通过税收、转移支付、社会保障等领域的深化改革，我国的收入分配格局也呈现出一些新的变化。国家统计局数据显示，2016—2020年间我国基尼系数[①]始终维持在0.465～0.468之间，较之前有明显下降，收入差距持续扩大的趋势得到一定遏制。农村居民人均可支配收入增长率明显高于城镇居民，城乡居民收入倍差已经由2010年的3.23缩小至2021年的2.50，城乡居民收入差距逐步缩小。改革发展的成果更多地向中低收入群体倾斜。中央陆续出台了一系列调节收入分配、改善民生的政策措施，低收入和困难群体的收入明显增加。多省市陆续提高各自最低生活保障标准，部分城市实现了城乡低保标准“并轨”，较好地保障了困难群众的基本生活。

---

① 基尼系数最大为“1”，最小等于“0”。基尼系数越接近0表明收入分配越是趋向平等。国际惯例把0.2以下视为收入绝对平均，0.2～0.3视为收入比较平均；0.3～0.4视为收入相对合理；0.4～0.5视为收入差距较大，当基尼系数达到0.5以上时，则表示收入悬殊。

二、收入分配领域存在的主要问题

虽然我国各级政府在调节收入分配方面都做了很大的努力，人民生活水平得到了大幅度提高，但是收入差距过大和收入分配不公现象未能得到根本缓解。因此，收入分配领域需要妥善解决好两方面的主要问题：一是收入差距大小问题，即收入分配的均等化能否实现；二是收入分配公平问题，即收入分配的公平性[①]能否体现。收入差距过大会直接导致贫富差距，而收入分配不公既会导致贫富分化，又会影响社会安全稳定，不利于共同富裕目标的实现[②]。

（一）收入差距大

城乡收入差距大。改革开放以来，我国城乡居民的收入差距经历了由迅速缩小到逐渐扩大再到加速扩大的发展过程。1978年，我国城乡居民收入比为2.57∶1；1985年，城乡居民收入比达到历史最低点的1.86∶1，此后收入比逐渐扩大；1994年达到2.86∶1，超过改革开放前的水平，之后收入比再度逐渐缩小；1997年城乡居民收入比为2.47∶1，低于改革开放前的水平，达到新的谷底；1997年以后，城乡居民收入比开始加速扩大，2002年达到3.11∶1，首次超过“3”以上；2007年城乡居民收入差距扩大到历史最高水平，达到3.33∶1，此后有所下降；2021年我国城乡居民收入比继续下降至2.5∶1，但是城乡居民收入的绝对差距却在逐步扩大，达到28 481元。由于社会保障制度不健全，如果将城镇居民享受的医疗、教育、社会保障等社会福利计算加入，则城镇居民收入约为农村居民收入的5～6倍，远远超出世界各国城乡居

① 李婷，李实. 中国收入分配改革：难题、挑战与出路. 经济社会体制比较，2013（5）：32-43.
② 何芸. 行业收入不平等的区域异质性分析. 兰州学刊，2015（1）：8.

民收入差距1.5倍以下的平均值[①]。

区域收入差距扩大。改革开放以来，我国东、中、西部地区发展不均衡。虽然已经实施西部大开发、中部崛起、东北振兴等战略多年，2021年，西部地区生产总值239 710亿元，占全国的比重由2000年的17.1%提高到20.95%，但东部沿海地区与中、西部偏远地区收入的绝对差距却仍然呈现出扩大趋势。国家统计局数据显示，2021年我国城镇居民人均可支配收入为47 412元，收入最高的地区是上海市，达到82 429元，收入最低的地区是黑龙江省，为33 646元，前者是后者的2.45倍，而1978年两者的差距仅为1.37倍；2021年我国农村居民人均可支配收入为18 931元，收入最高的地区是上海市，达到38 521元，收入最低的地区是甘肃省，为11 433元，前者是后者的3.37倍，而1978年两者的差距约为2.95倍。这说明，东部地区集中了全国大部分的资源，占全国收入比重不断上升，而中、西部地区收入占全国的比重却呈逐步下降趋势，东、中、西部地区之间的收入差距呈现扩大。

行业收入差距扩大。受经济全球化和城市化发展影响，我国各行业之间的收入差距也呈现扩大趋势，尤其是垄断性行业受其垄断地位的影响，行业收入水平以高于其他行业收入数倍的速度快速增长。按行业划分，2020年我国年平均工资最高的信息传输、软件和信息技术服务业为177 544元，是收入最低的农、林、牧、副、渔行业年平均工资48 540元的3.66倍。

（二）收入分配秩序不规范

改革开放以来，我国收入分配制度的确立大致经历了三个阶段。第一阶段为改革开放前期阶段（1978—1991年），国家实行以按劳分配为主体的分配制度，城乡居民人均年收入分别增长1.12倍和2.17倍，城乡居民收入差距缩小；第

① 王琳，华中．改革收入分配制度 夯实共同富裕基础．宏观经济管理，2014（1）：2.

二阶段为市场经济加速阶段（1992—2006年），国家实行分税制，大力推进市场化改革，完善公共服务事业，鼓励生产要素根据各自在生产过程中的贡献大小参与分配，且比重不断提高，并逐渐在初次分配中处于主导地位；第三阶段为更加注重社会公平阶段（2007年至今），党的十八大以来，国家继续深化收入分配制度改革，通过“提低、扩中、控高”的基本思路完善初次分配制度，更加注重社会公平，逐步扭转了收入分配差距不断扩大的趋势，提高了劳动者的生产积极性，促进经济快速发展。但是，在经济社会发展中，受劳动者自身素质、地区差别、行业垄断、权利约束力有限等不公平因素影响，需要不断整顿和规范收入分配秩序[①]。由于缺乏切实可行的收入监测计算办法，税务部门无法完全掌握居民的实际收入，使得个人所得税对经济的调节功能无法更加充分的发挥，出现偷税、漏税等行为；由于监管不到位，部分行业受利益驱动，出现权力寻租、贪污腐败等现象，破坏了社会合理的分配规则，增加了发生社会危机的风险。

第二节　基本公共服务发展不均衡

基本公共服务是建立在一定社会共识基础上，根据经济社会发展阶段和总体水平，维持经济发展稳定和社会公平正义，保护个人最基本的生存权和发展权，实现人的全面发展所需要的基本社会条件。实现共同富裕离不开基本公共服务的优质共享。党的二十大报告指出：“着力解决好人民群众急难愁盼问题，健全基本公共服务体系，提高公共服务水平，增强均衡性和可及性，扎实推进共同富裕。”然而，我国各地基本公共服务差异性较大，基本公共服务均等化程度不高，主要面临以下问题。

① 赵宝爱，李伟峰. 普惠时代的社会福利漏洞问题研究. 山东社会科学，2014（11）：58-64.

一、基本公共服务供给不足

受城市化进程影响，城市资源聚集效应明显，城市的就业、教育、医疗、养老、住房、社会保障、基本公共服务等方面供给明显优于乡村，城乡之间基本公共服务供给差异性较大。完成脱贫攻坚之后，中西部脱贫地区在教育、医疗、住房等方面有了明显提升，但经济社会发展相对缓慢，基本公共服务存在较为明显的短板。从公共部门投入来看，水利、环境、教育、卫生和社会工作以及文娱体育等部门每万人从业数均呈现明显差距，对东部地区投入的资源相对较多，中西部地区相对投入较少，再加上历史、地理等因素，使得当前中西部地区基本公共服务供给方面存在一定不足。

不同群体间的基本公共服务公平性有待增强。《中华人民共和国2021年国民经济和社会发展统计公报》显示，截止到2021年末，我国人户分离的人口达5.04亿人，其中流动人口3.85亿人，受户籍影响，部分流动群体的养老保险、医疗保险、教育等无法与常住地匹配，流动人口与城市原住民间的基本公共服务供给与社会保障公平度也有待增强。

基本公共服务主体过于单一。基本公共服务供给是政府的责任，需要发挥政府在实现基本公共服务均等化过程中的主导作用。但是，部分地区过于依赖政府，甚至将政府作为基本公共服务的单一供给主体，制约了基本公共服务供给的有效性和针对性，会影响供给客体的满意度。

二、基本公共服务需求多样性难以满足

随着我国经济社会发展水平的不断提高，人民群众对于基本公共服务的需求也不断增加，尤其在托育、学前教育、社会办医、养老服务、老年人健康、

家政服务、社区助餐、文化旅游、体育健身休闲运动等领域需求较大，基本公共服务的供需矛盾较为突出。需要充分发挥市场作用，调动企业和社会力量，通过多元性基本公共服务供给主体，满足基本公共服务需求多样性的要求。

第三节　社会保障体系不健全

社会保障是人民生活的安全网和社会运行的稳定器，也是推进共同富裕的基础。中央财经委员会第十次会议指出“要促进基本公共服务均等化，加大普惠性人力资本投入，完善养老和医疗保障体系、兜底救助体系、住房供应和保障体系”①。我国社会保障制度经过几十年的发展，在保障和改善民生、推动实现共同富裕方面发挥了重要作用。同时，我国的社会保障采取渐进式改革，改革中涉及相关主体利益关系的调整并受外部环境的影响，在迈向共同富裕的过程中还存在需要进一步改进的地方。

一、社会保障覆盖率不高

目前，我国已经建成了世界上最大的社会保障网，截至2021年底，基本医疗保险覆盖13.6亿人，基本养老保险覆盖10.3亿人。住房保障和供应体系建设稳步推进，全国已累计建设各类保障性住房和棚改安置住房8 000多万套，帮助2亿多困难群众改善了住房条件。教育公平和质量不断提升，2021年九年义务教育巩固率达到95.4%。基本医疗和公共卫生服务明显改善，人民群众通过自己劳动得到的收入、经营得到的收入、转移支付得到的收入在

① 新华社. 在高质量发展中促进共同富裕 统筹做好重大金融风险防范化解工作. 中国经济导报，2021-08-19（1）.

不断增加。

然而，当前我国社会保障的实际覆盖率有待继续提高，部分参保人员主动性不高，已参保人员中实际缴纳社会保险费用的人数少于应缴费人数。还有相当一部分劳动者没有参加任何形式的社会保险，尤其是灵活就业人员、农民工和流动人口，受基本工资水平低、流动性大、思想观念落后等因素影响，存在参保率低、退保率高、重复参保等问题，加大了我国社会保障全覆盖的难度。

二、社会保障水平仍然不足

改革开放40多年，我国社会保障体系形成了多层次的框架结构，社会保障作为国家和社会主导的制度安排，正在发挥着“安全网”和“稳定器”的作用。党的十八大以来，我国社会保障水平不断提高，但达到“保障最基本需求”还存在一定距离。近年来，我国城镇职工基本养老保险工资替代率有所降低，据统计，2009年，城镇职工基本养老保险基金支出8 894.4亿元，平均工资替代率为49.65%，而到了2018年城镇职工基本养老保险基金支出上升到44 644.9亿元，平均工资替代率却降为47.47%（见表4-1）。医疗保险领域的保障水平不足问题更加明显，受医疗服务界定难的困扰，很难用合适的指标来评价医疗服务保障的真实水平，出现很多因医疗保障不足而看不起病的问题。

表4-1　我国城镇职工基本养老保险工资替代率

年份	城镇职工基本养老保险基金支出（亿元）	年末离退休职工人数（万人）	年均离退休职工人数（万人）	城镇离退休职工月平均基本养老金（元）	城镇单位就业人员平均工资（元）	平均工资替代率（%）
2009	8 894.4	5 806.9	5 555.3	16 008	32 244	49.65

续表

年份	城镇职工基本养老保险基金支出（亿元）	年末离退休职工人数（万人）	年均离退休职工人数（万人）	城镇离退休职工月平均基本养老金（元）	城镇单位就业人员平均工资（元）	平均工资替代率（%）
2010	10 554.9	6 305.0	6 056.0	17 424	36 539	47.69
2011	12 764.9	6 826.2	6 565.6	19 440	41 799	46.51
2012	15 561.8	7 445.7	7 136.0	21 804	46 769	46.62
2013	18 470.4	8 041.0	7 743.4	23 856	51 483	46.34
2014	21 754.7	8 593.4	8 317.2	26 160	56 360	46.42
2015	25 812.7	9 141.9	8 867.7	29 112	62 029	46.93
2016	31 853.8	10 103.4	9 622.7	33 108	67 569	49.00
2017	38 051.5	11 025.7	10 564.6	34 920	74 318	46.99
2018	44 644.9	11 797.7	11 411.7	39 122	82 413	47.47

数据来源：整理自国家统计局网站。

三、社会保障基金可持续发展能力不足

社会保障基金作为防范短期和长期财务风险的价值储备，对于保障群众的基本生活，提高人民生活水平起到重要作用。2000年8月，全国社会保障基金经国务院批复开始创建，主要是用于解决未来我国人口老龄化高峰期可能出现的养老金投资缺口问题。因此，社保基金收支平衡和再利用，实现社保基金的可持续发展，成为社会保障制度持续推进的重要环节。

近年来，随着市场经济的发展，全国社会保障基金也面临新的挑战。一方面，随着全国老龄化程度加深，需要赡养的老年人数量不断上涨，养老金、老人福利等各项支出数额不断增加，使社会保障基金支出的增长速度大于收入增长速度，2010年至2018年，我国社会保障基金收入平均增长速度为

19%，而支出平均增长速度为21%，为基金的后续发展留下隐患。另一方面，社会经济发展水平的提高使我国通货膨胀率不断上涨，给社会保障基金保值增值造成阻碍，部分地区受地方财政不足影响，出现财政赤字，不利于社会保障基金的可持续发展。有些省份社会保障基金出现收不抵支，职工养老保险赤字率逐年上升，虽然当前社保基金累计结余较为丰厚，但是赤字率如果持续提高，将会严重影响社会保障的可持续发展和人们的心理预期，不利于社会保障制度的持续推进。在这种严峻形势下，社会保障基金如何投资以实现保值增值，成为社会保障基金可持续发展必须要考虑的问题。

第四节　中等收入群体比重较低

近年来，我国中等收入群体规模虽然有所增加，但是与世界发达国家相比，中等收入群体比重依然较低，收入结构也存在一定程度的不平衡。

一、中等收入群体的界定

中等收入群体又称为“中间阶层”，古希腊哲学家亚里士多德最早提出这一概念，认为“在一切城邦中都有三个部分或阶层：一部分是极富阶层，一部分是极穷阶层，还有介于两者之间的中间阶层。”[①]这里所说的介于两者之间的中间阶层就是中等收入群体，亚里士多德对中等收入群体的界定多从经济角度出发，将所处的经济地位作为界定阶层的标准，认为中等收入群体就是中产阶层，属于有产者。

① 颜一.亚里士多德选集·政治学卷.北京：中国人民大学出版社，1999：144-145.

马克思、恩格斯对于中等收入群体也有过论述，从对生产资料的占有关系上将阶级和阶层进行划分，认为广大农民、手工业者、小工业家、小商人和小食利者是中间阶级，具有不稳定性，存在于有产者和无产者两大阶级之间，最终“所有这些阶级都降落到无产阶级的队伍里来”[①]。这就是西方原来的“旧中产阶级”。

马克斯·韦伯主张从财富即经济标准、威望即社会标准、权力即政治标准三个方面来划分阶层，改变了马克思和恩格斯只从生产资料的占有关系划分的观点。按照这种标准，中等收入群体就是通常意义上的“白领”。这就是西方“新中产阶级”。

我国中等收入群体主要以收入作为划分标准，是一定地域和时期内收入达到全体居民收入平均水平的社会群体。一般而言，大多数脑力劳动者依靠工资谋生，往往受过良好教育，具有专业知识和较强的职业能力，并有一定的家庭消费能力，追求生活质量，对社会劳动、工作对象拥有相应管理权和支配权，具有良好的职业素质和公德修养。可以说，中等收入群体无论在经济地位、政治地位还是社会地位上，都居于社会中间水平。

二、中等收入群体存在的问题

我国中等收入群体的规模超过4亿人，是世界上中等收入群体人口数量最多的国家，虽然，20年间，中等收入群体数量增长了50多倍，规模增长速度和发展趋势都非常好。但是，我国中等收入群体占全部人口比重却相对较低，仅为27.9%。相反，西方发达国家中等收入群体占全部人口的比重，都在50%以上，其中欧洲部分国家则高达70%以上。

① 中共中央 马克思恩格斯列宁斯大林著作编译局. 马克思恩格斯选集：第1卷. 北京：人民出版社，1995：280.

从我国中等收入群体的收入水平来看，处于中低收入水平的人口较多，升入中间收入群体和中高收入群体的人口相对较少，一定程度上影响了中等收入群体的消费能力和稳定社会的能力，中等收入群体的质量不高。2019年我国中等收入群体中的中低收入者比重接近70%，而中间收入者在中等收入群体中的比重则不到25%[①]。理想状态的中等收入群体构成应该是中间收入者成为中等收入群体中的主流，中低收入者和中高收入者占比要低于中间收入者。由此可见，我国虽然拥有世界上规模最大的中等收入群体，但是，中等收入群体多集中于中低收入水平，需要通过创新创业、增加收入等形式不断提高中等收入群体质量，使低收入水平的中等收入群体逐步跃升为中间收入群体和中高收入群体。

从中等收入群体的收入结构来看，我国中等收入群体工资性收入比重偏高，财产性收入占比偏低。工薪阶层构成我国中等收入群体主体，其收入来源多以所从事的职业或兼职取得的劳动报酬为主，因此，工资性收入是我国中等收入群体最主要的收入来源。2020年我国人均工资性收入和财产性收入在可支配收入中的比重为55.7%和8.7%[②]，其中城镇和农村人均工资性收入占比分别为60.2%和40.7%，人均财产性收入占比分别为10.6%和2.5%。我国中等收入群体的财产性收入占比与发达国家相比还存在一定差距，工资性收入比重偏高，财产性收入占比偏低的收入结构，影响了我国中等收入群体的稳定和壮大。

从中等收入群体的消费能力来看，中等收入群体在资产和负债方面的结构并不合理。据统计，在中等收入群体的家庭资产中，70%以上是房产，如果再扣除汽车、家电等固定资产，中等收入群体真正能够自由支配的流动性

① 李春玲．迈向共同富裕阶段：我国中等收入群体成长和政策设计．中国社会科学文摘，2022（7）：2.

② 国家统计局．2021年中国统计年鉴．北京：中国统计出版社，2021：178.

资产比重相对较低。因此，降低中等收入群体负债，优化资产负债结构，改善资产内部结构对于提高中等收入群体消费能力，增强消费信心至关重要。

第五节　精神文明建设水平亟待提高

党的十八大以来，习近平总书记多次提到精神文明建设，将“马克思主义基本原理同中国具体实际相结合、同中华优秀传统文化相结合”，牢牢把握意识形态领导权，推进文化创新，加强精神文明创建活动，指出“中国式现代化是物质文明和精神文明相协调的现代化。物质富足、精神富有是社会主义现代化的根本要求。物质贫困不是社会主义，精神贫乏也不是社会主义”。为新时代我国精神文明发展指明方向。

一、精神富有是共同富裕的重要组成部分

共同富裕不仅包括物质方面的富裕，更包括精神富有，是全体人民群众物质文明生活和精神文明生活都达到的富裕。习近平总书记强调，物质文明建设和精神文明建设，好比人体的大脑和心脏，都重要、都需要，缺一不可。[①]因此，实现全体人民共同富裕离不开物质富裕和精神富有的协调发展。

物质富裕和精神富有是共同富裕的两方面，二者是辩证统一的关系，缺一不可。物质富裕是精神富有的基础和前提，“仓廪实而知礼节，衣食足而知荣辱。”只有强大的物质保障作为基础，才能在社会主义现代化建设中更加注重精神富有，注重精神文明建设。虽然，精神富有一定程度上需要建立在

① 习近平. 之江新语. 杭州：浙江人民出版社，2007：96.

物质富裕基础之上。但是，精神富有具有相对独立性，为物质富裕提供动力支持和精神保证，二者相辅相成，共同促进彼此发展。物质富裕和精神富有并没有先后主次之分，不能为了发展好物质文明建设而忽视了精神文化发展，只有从思想方面去进行正确积极的引导，充分发挥精神资源的教育作用，提高精神文明建设水平，促进精神富有的快速发展，才能更好地促进经济建设快速发展。

我国拥有丰富的精神文化资源，博大精深的中华优秀传统文化、追求理想信念的红色文化、体现社会主义建设和发展的先进文化，无不蕴含着丰富的精神资源，对于促进全体人民精神富有，提高我国精神文明建设水平具有重要作用。人民是精神资源的创造者，促进全体人民精神富有需要发挥广大人民群众的创造作用，在社会实践中创造优秀的精神文化作品，才能满足广大人民群众对精神文化资源的需要。同时，人民是精神资源的享有者，以开放的心态共享丰富的精神文化资源，发挥中华优秀传统文化、红色文化、社会主义先进文化的教育作用，才能为实现全体人民精神富有奠定坚实的基础。选择一种积极向上的精神文化生活方式和精神状态，对于提高精神文明建设水平，促进全体人民精神富有，最终实现共同富裕具有重要意义。

二、精神文明建设存在的问题

改革开放和社会主义现代化建设新时期，我国以经济建设为中心，取得了很多举世瞩目的成就，但是，与物质文明建设相比，我国精神文明建设水平却相对较低。党的十八大以来，我国精神文明建设对于社会发展的促进作用日益明显，人民对于精神生活的需求日益增大，对获得感、幸福感、安全感的追求更加迫切，而精神文明建设方面我们还存在明显不足。

部分群众对精神文明建设的积极性、创造性有待提升。受多重因素影响，由于乡村治理中主客体作用不对等，部分群众权利意识日渐强烈，但乡村治理参与度、积极性较弱，责任意识、义务意识相对淡薄，“先讲权利后讲义务”“只讲权利不讲义务”现象普遍存在。部分群众的获得感、幸福感、安全感较低。受长期小农经济的影响，部分欠发达地区重男轻女、传宗接代、人情世故、天价彩礼、钱权为尊、封建迷信等不良社会风气仍旧存在，部分群众被束缚于陈规陋习之中，获得感、幸福感较低。部分地区文化水平较低，思想文化、道德水平、价值观念较为薄弱，“头脑空虚、精神颓废”“等靠要”等思想依然存在，过多依靠政府和他人救济，通过自身努力劳动改变生活的奋斗精神较为薄弱。部分地区精神文化建设水平和程度不足。受经济发展水平、公共文化财政投入、城镇化进程等因素影响，区域间文化资源配置并不均衡，部分农村地区、西部地区、农林牧副渔等行业存在精神文化建设投入不足、产出效益低、基础设施不健全等问题，区域、城乡间公共文化服务体系一体化程度不高，数字赋能文化振兴有待提升。

第五章
世界主要国家缩小贫富差距的实践经验与教训

贫富差距是制约经济和社会发展的普遍问题。19世纪，资本主义经济以迅猛发展之势席卷全球，各国经济快速发展，但贫富差距却不断扩大。合理的贫富差距能促进经济与社会发展，较大的贫富差距则会引发社会、经济、政治危机。因此，各个国家积极采取措施应对贫富差距，虽因国情不同而采取的措施不同，但却都在一定程度上缩小了贫富差距，维护了当时的社会稳定。当前，贫富差距问题已经成为影响我国实现共同富裕的重要问题，参考19世纪以来世界主要国家在缩小贫富差距方面的成功经验与失败教训，对于我国实现共同富裕具有重要意义。

第一节　世界主要发达国家缩小贫富差距的实践经验与教训

发达国家对贫富差距问题关注已久，十分注重缩小贫富差距。为维护社会稳定、缓和社会矛盾，十九世纪英国、二十世纪六七十年代日本以及二十世纪末期美国都积极采取措施缩小贫富差距，英、日、美所采取的措施虽不尽相同，但都为缩小本国贫富差距发挥了一定作用。

一、19世纪英国缩小贫富差距的实践经验与教训

19世纪40年代，工业革命基本完成，历史上长期以农业为主导产业的英国被彻底改变，随着生产力与资本主义经济快速发展，英国的经济实力与财富极大增加，一跃成为当时世界上最发达的工业国。但繁荣经济的背后却是巨大的贫富差距，一方面是资产阶级与贵族日进斗金并过着骄奢淫逸的生活；另一方面是农民和工人阶级衣不蔽体、食不果腹的贫困现状。英国财富分配不均，贫富差距悬殊，导致财富集聚到少数人手中，多数人并未享受到经济繁荣带来的好处，反而生活条件进一步恶化，导致社会矛盾与负面问题横生，成为19世纪英国不可忽视的重要问题。为了缓解社会矛盾带来的压力，维护自身统治和社会稳定，英国政府开始采取多种措施，一定程度上缓解了贫困人口的生活压力，解决了吃住等基本问题，取得了一定的社会效益。

（一）英国为缩小贫富差距采取的主要措施

1.颁布济贫法

济贫法不是仅指一部法律，而是对英国历史上济贫政策的总结。19世纪早期及以前，英国颁布了两部济贫法，即1601年《伊丽莎白济贫法》与1834年《济贫法修正案》，史称新旧济贫法。事实上，19世纪的英国正处于新旧济贫法实施的交替阶段。

源于17世纪的《伊丽莎白济贫法》被称为旧济贫法，旧济贫法是一部以教区为单位、以政府为救济重心、以院外救济为主要方式的法律，为帮助穷人获取救助提供依据。旧济贫法的救济对象主要分为直接救济对象和劳动救济对象，其中，直接救济对象一般是对失去劳动能力、年老体弱病残的人实施救济；劳动救济对象则是对不愿劳动的人进行责罚，将有劳动能力而不劳

动的成年人送去当学徒，以使其进行劳动。旧济贫法的管理主体是治安法官，赋予包括救济款监督权、财产处理权、税额评定权等在内的诸多可自由支配的权力，因此，旧济贫法明确规定，凡以救济为目的的钱财，治安法官均可进行自由支配。旧济贫法的组织形式分为季度法庭和一般会议，季度法庭负责确定税负和记录用于救济收容所、贫民所等穷人的金额，对违法的财务官进行罚款；一般会议则负责评定教区每周济贫金额，并组织救济款发放。而救济款则是以法令的方式规定济贫税，由全体社会成员共同承担。

19世纪中期，英国完成工业革命，社会经济快速发展，受经济危机影响，失业与贫困问题尤为严重。仅1842年“英国失业工人总数达到100万人”[①]“英格兰中部和威尔士一带的乞丐多达143万人”[②]。同时，英国社会内部弥漫着肯定劳动、赞扬劳动的“个人主义”，充斥着“沦为穷人是个人道德的失误”等思想，因此，统治者利用议会改革，通过了具有代表性的《济贫法修正案》。先是在全国广泛建立济贫院，实行院内救济。规定进入济贫院需要接受严格的审查，只有真正赤贫的有工作能力的人才能进入济贫院，进入后要在院区的严格监督下，遵守严格的纪律并接受繁重的劳动，迫使有劳动能力的人通过劳动摆脱自己贫困的状态。同时，这一时期的英国政府，建立起相对完善的济贫体系。中央成立济贫部，颁布实施救济条例，设立督查组监督中央条例在地方的执行情况，在地方设立监督官负责济贫食物，实行由中央主导、联合地方救济的模式，最终取得了良好效果。新济贫法是对旧济贫法的一次重大变革与修改，在救济方式、救济对象的确认以及具体的管理方面都做出了一定变化，也为现代社会工作带来深远影响。

2.改善工人阶级工作居住条件

19世纪中后期，英国政府为改善工人阶级生活条件，开始加强国家干预，

① 丁建定. 英国济贫法制度史. 北京：人民出版社，2014：175.

② 丁建定. 英国济贫法制度史. 北京：人民出版社，2014：177.

陆续出台了一系列涉及住房管理的新法案和修正法案，工人阶级住房条件逐渐得到改善。

19世纪40年代，英国兴起公共改革运动，促使英国政府开始干预工人阶级的住房问题。1840年利物浦出台的《关于调整利物浦房屋建筑的条例》和1842年颁布的《关于提高利物浦居民健康的条例》，对利物浦居民的住房提出详细要求，"大杂院式的建筑宽度不少于15英尺，入口不小于5英尺，楼底房子高度不得低于8英尺，院中必须带有卫生设施"①。改革过程中更加注重外部修饰和住宅周边的绿化与开放空间，使居住的环境更加宜居。在对怀特查珀尔地区的改造中，采用砖砌进行修建，并用白色凸窗，使得整体上看起来整洁统一、舒适宜人，一定程度上缓解了工人阶级住房过度拥挤的问题。

英国政府还对贫民窟进行改造，1875年颁布的《工人阶级住房法》规定，拆除贫民窟，将改造后的土地进行出租，将所得钱财用于建造工人住房。这是英国在改善工人阶级住房问题上迈出的重要一步，对于改善并提高工人阶级的居住与生活质量产生重要影响。在改善居住条件的同时，英国政府加快公共卫生领域改革。1858年颁布《公共卫生法》、1866年颁布《卫生法》、1875年颁布《公共卫生法》，强制规定住房区域必须建立供水系统及下水道系统，限制住房拥挤现象，设定专职人员对执行情况定期检查；1868年《托伦斯法》的颁布标志着英国政府开始重视注重单个住房的卫生条件；1885年出台的《工人阶级住房法》规定出租公寓范围扩大到贫民区，住房委员会有权购买土地建造工人阶级住房；1888年以后地方政府陆续出台法案，如1894年《伦敦建筑法案》以法律形式明确伦敦郡议会是改善工人住房的组织，在住房管理上有着领导地位，将继续推进清除贫民窟，购买更多的闲置公共区域进行建房，为更多人提供住房。

---

① 汪蒙. 19世纪英国城市工人阶级住房问题及对策分析. 芜湖：安徽师范大学，2011.

此外，19世纪英国民间以公司、社团和协会为单位，对住房拥挤、卫生状况恶化等问题，开展慈善住房活动。一方面，通过“民间慈善住房活动参与者投资工人阶级住房建设，以慈善和商业为目的，以至少5%的利润来吸引投资者投资，又考虑到工人阶级的经济水平”[①]从而“建造适合工人阶级的住房，并租给其居住”[②]。另一方面，成立了改善劳动阶级状况协会和慈善信托基金等社会组织，对解决无产阶级城市住房问题、改善无产阶级的住房条件起到重要作用。如1864年英国著名的慈善家和环境主义者奥克塔维亚·希尔（Octavia Hill，1838—1912年）在伦敦贫民区进行住房改革实践。19世纪80年代初，希尔已经为2 000多人提供过价格低廉的房子，她所创建的住房管理制度在1881年被慈善组织协会住房委员会誉为“奥克塔维亚·希尔制度”。由于慈善住房实践活动取得了较好的社会效果，1866年英国颁布《劳动阶级住房法》，规定“允许私人、慈善组织和模范住房公司以4%的利率从公共工程贷款委员会贷款，以购买土地、建设住房或者改善工人阶级住房，还款期限为40年，可贷款数目为用于购买土地和建设住房费用的50%”[③]。此后，英国的民间慈善住房活动在政府支持下不断发展，逐渐成为解决城市工人阶级住房问题的中坚力量。

3.加强工人教育

19世纪30年代，随着工人运动的爆发，英国中上层阶级对工人接受教育的观念发生变化，部分中产阶级开始支持教育运动，希望用教育约束工人，使其树立基本的价值观念。19世纪30年代以前，工人阶级的子女多数在

① McLeay, E, M, et al. Housing Policy and Practice. Journal of Policy Analysis and Management, 1983, 2（4）：662.

② McLeay, E, M, et al. Housing Policy and Practice. Journal of Policy Analysis and Management, 1983, 2（4）：662.

③ Wohl A S. The Eternal Slum：Housing and Social Policy in Victorian London. London：Edward Amold，1977：82.

基督教及慈善机构兴办的学校上学，包括主日学校与全日制学校两种。据统计，1833年主日学校中无产阶级在读子女约为1 363 170人，1861年上升至2 411 554人[①]，增幅达到76.9%。此等学校为工人子女上学提供了学习的场所，在一定程度上促进了工人阶级知识水平整体上升。19世纪30年代后，英国政府对大众教育的支持不断提高，国家干预范围也随之扩大，随后为工人阶级建立由政府机构和慈善组织共同负责的学校，并完善基础教育设施。据相关数据表明英国政府为资助各类学校的拨款累计从1833年的2万英镑增至1850年的21万英镑。

（二）英国缩小贫富差距的实践经验

英国政府为缩小贫富差距，维护社会稳定，积极完善了相关法律法规，为无产阶级发展提供法律保护，使得无产阶级的发展与救济具有一定合法性。同时，英国还建立起较为完善的济贫体系，构建了中央主导、联合地方救济的模式，为英国无产阶级及低收入者提供了生活保障。

1.逐步完善相关法律法规

英国为缩小贫富差距、减少贫困人口数量，出台并完善了相关法律法规与政策文件。首先，英国政府颁布和修订中央法律，为贫困人口救济提供法律依据。《济贫法修正案》《国民救济法》通过议会立法确定颁布，属于一级法律，地方救济法律只能根据自身情况进行调整，不能违背，增强了其救济的执行性。其次，英国政府根据在缩小贫富差距及救济过程中出现的问题，颁布相对应法律法规。为应对济贫过程中办事不力、执事不清等问题，19世纪中期，英国政府对济贫法管理机构进行调整，宣布用济贫法局代替济贫委员会，济贫委员会一切权力转交给济贫法局行使，济贫法局每年向政府呈递

① Brown C G, Laqueur T W. Religion and Respectablity：Sunday Schools and Working-Class Culture，1780-1850. The American Historical Review，1976，31（2）：265.

工作总结，并传达到上下两院，加强对济贫过程中出现问题的管理，增强了办事的明确性与针对性。最后，英国政府完善教育、住房等方面的法律法规。19世纪40年代英国政府开始注意到住房问题，先后颁布了《工人阶级住房法》《劳动阶级寄宿法》等法律，为工人阶级提供基本的住房服务，极大地改善了工人阶级的居住条件；1833年颁布的《工厂法》规定9岁到13岁的孩子在9个工作小时内必须接受义务教育2个小时，这一法律保障了工人阶级子女的教育权利，对提高工人阶级整体素质功不可没；《教育补助金法》的颁布为贫困儿童提供了教育经费，为鼓励更多的人进行学习，提高全社会的受教育水平及综合素质奠定基础。

2.建立较为完善的济贫体系

英国在缩小贫富差距、救济贫困人口方面还建立了较为完善的济贫运行机制。主要体现在以下五个方面：一是救济主体是政府，并形成中央主导、联合救济的形式，负责救济的专职人员从无薪酬向有薪酬转变。二是救济对象范围逐步扩大，由不能劳动者扩大到值得救济者。三是救济资源一直靠政府强制征税，为救济贫困人口提供资金。政府确定征收税收，进行再分配资源，从刚开始提供简单的原材料到提供医疗、教育等各方面的救济，逐步满足救济人口的需求。四是具有清晰的济贫认知——贫困不仅是工人的问题，也是全社会的共同问题，济贫是全社会共同的责任。这一济贫认知始终贯穿于济贫运行过程，政府主导并努力构建济贫体系，民间联合救济，发挥慈善力量解决贫困问题。五是建立监督机制，旧济贫法时代侧重于治安法官的自治权利，通过一定的惩罚方式督促教会执事和济贫员办事，新济贫法主要是以法律的形式规定了中央到地方济贫工作和监督制度。因此，19世纪英国的济贫法从谁来救、救济谁、如何救、谁来监督四方面建立济贫体系，并以此构建了中央主导、联合地方救济的济贫体系，从而更好地救济贫困人口。

3.加强对工人阶级教育

为了维护社会稳定，英国政府不断加强对工人阶级的教育，却为缩小英国当时的贫富差距作出一定贡献。一方面，为实现工人阶级教育提供法律依据。国家积极干预教育，颁布《教育法》，为工人阶级教育的实现提供法律保障。另一方面，加大对工人阶级教育的资金投入。学校基础公共设施的建立以及师资力量的培育都需要资金的支持，政府日益增加资金投入力度为地方新建学校提供经济基础。大量的工人阶级接受一定程度的教育之后，获得了一技之长，自身能力和应变能力得到一定提升，增加了获得劳动的机会，一定程度上缩小了英国的当时贫富差距。

（三）英国缩小贫富差距的教训

1.济贫中存在不人道行为

19世纪的英国在实施济贫过程中存在很多不人道的地方，主要表现为以下三点：一是新济贫法的实施对救济对象存在着一定程度的不尊重。工人阶级进入济贫院必须承认三个严苛的条件，即“承认救济是不体面的、个人的人生自由受到限制、失去政治权利特别是没有选举权与被选举权”[①]。因此，新济贫法的实施对于工人阶级毫无人权可言，只有放弃自身的尊严和权利，承认自己是不体面的人，才能进入济贫院，得到维持生活的必需品，而这些完全是在精神层面对工人阶级的歧视。二是济贫院内部对工人阶级过于严苛。济贫院院长对院内工人阶级设置严苛的纪律和作息时间，一旦贫民犯错，便会被任意处罚，处罚手段非常严厉，轻则锁在停尸房，重则粗暴鞭打。济贫院俨然沦为工人阶级的人间地狱，成为可怕的代名词，常常被形容为“穷人的巴士底狱”。三是妇女地位被再次削弱。新济贫法规定“救济以有男性的

① 崔明远.英国贫困问题解决探析——以新旧济贫法实施为例.现代交际，2016（24）：2.

整个家庭为单位进行发放”。有男性的家庭可以依据法案申请救济，而没有男性的家庭，或者只有妇女一人的家庭则不能单独申请救济，无视妇女的权力；同时，在新济贫法案下，妇女完全从属于男性，当丈夫没有能力维持家庭生活时，妻子必须跟随丈夫进入济贫院，当丈夫不愿待在济贫院时，妻子必须离开，妇女毫无自主决定权。贫困家庭妇女完全沦为男性的附庸品，只能依靠男性活着，完全丧失了自主选择的权利，逐渐形成社会性歧视妇女现象。

2.教育改革不彻底

英国上层人士推进教育改革源于工人阶级教育问题影响社会稳定，而非真正出于对工人阶级的关心，因此，英国在工人阶级中推行的教育改革具有一定的不彻底性。首先，师资力量良莠不齐。一方面，学校教师的来源复杂，食品杂货店老板、律师、裁缝、难民、面包师、女佣以及医生等社会人员都可以成为教师中的一员，对于教师最重要的知识能力却无过多要求，导致给工人阶级授课的教师来源多样，但素质普遍较弱。另一方面，成立学校的门槛比较低，19世纪的英国，“只要是认识几个字的民众，能找到学生，就可以办学校”，对于成立学校需要的硬件和软件没有过多要求。因此，在教师素质与办学门槛参差不齐共同影响下，19世纪的英国教育水平低下，学生难以接受到正确的、系统性的知识学习。其次，宗教影响巨大。宗教是英国教育改革的巨大阻力，英国教会不承认国家在教育方面能发挥重要作用，国家出台的教育政策或多或少都会受到来自教会和信教徒的反对，使得国家在教育改革时阻力过大，执行力较弱。因此，19世纪的英国政府对教育的改革只能停留在表面，无法深入下去，最终以失败告终。1839年罗素政府在确认各宗教拥有教育控制权的前提下，希望建立一个不分教派的大众教育体制①，却遭到教会和信教徒的强烈反对，最终以失败告终。最后，国家无法建立强制教

---

① 郭家宏.19世纪英国工人阶级教育问题探析.黑龙江社会科学，2012（06）：6.

育和免费教育。工人阶级工资水平只够维持基本生活花销，很少有主动花钱上学的机会，因此，工人子女受教育的人数只占整个阶层人数很少的比重。1818年只有7%的工人阶级子女接受教育，1861年也只有13%。可见，真正有钱上学的工人阶级数量极少，19世纪的英国急需建立更加完善的教育制度。

二、二十世纪六七十年代日本缩小贫富差距的实践经验与教训

二十世纪六七十年代，二战后的日本经济发展迅速，一跃成为亚洲首屈一指的发达国家。与西方大多数发达国家相比，日本社会的贫富差距却并未随着经济发展而拉大，反而成为世界上贫富差距最小的国家之一。日本政府缩小贫富差距的措施与推行的部分政策，可以作为我国迈向共同富裕的借鉴。同时，20世纪70年代之后，日本受新自由主义思想影响贫富差距拉大的教训也值得我们深思与警惕。

（一）日本为缩小贫富差距采取的主要措施

二十世纪六七十年代，日本政府为缩小贫富差距，采取一系列积极措施推动社会全面改革，推进各阶层均等化发展，主要体现在以下四方面。

1.重视发展农村经济

面对农村居民收入偏低、与城市居民收入差距较大等问题，1961年日本政府相继出台《农业基本法》《农业现代化资金助成法》《十年土地改良长期计划》等一揽子法律法规，大力发展农村经济，提高农民收入，推进农业发展，实现了农民富裕、农村繁荣。

首先，大力补贴农业及农产品。据统计，1960年至1969年日本政府对农业的补贴由747亿日元增至3 023亿日元，以保证农民收入的提高，促进

农业发展。其次，促进农民收入多元化。日本政府严格贯彻实施《农业基本法》，通过转移非农人口增加非农收入，缩小农业与其他产业在收入和生产效率之间的差距，保障农民收入多元化。1960年日本政府开始推行农民兼职化，60%的农民被转为非农业人口，农民既能获得农业所得收入，又能获得其他额外收入，当年，农民收入增长到37.12万日元，1965年农民收入增长至76.56万日元，其中非农业收入占比60%以上。最后，推进农业现代化。坚持以家庭经营为基础推进农业现代化，确保耕者有其田；持续加大农业资金投入，普及农业知识，提高农业生产效率；实行稻米双重价格，保障农民生活收入；向农民发放贷款，保证农业发展的资金需求；1967年日本每百家农户拥有拖拉机数量增至64.6台，且购买机械数量是1960年的两倍。这些措施的推行有效发展了日本农业经济，增加了农民经济收入，缩小了日本城乡收入和贫富差距。

2.加快中小企业发展

日本政府根据实际情况改革发展中小企业。1960年日本中小企业数量占全日本企业数量的90%，就业人员高达1 823万人，与美国相比，日本的小企业数量占全部社会企业数量的比重是美国的两倍以上，但中小企业员工收入却仅占大企业员工收入的2/3左右。因此，日本大力扶持中小企业发展，通过增加中小民间企业放款及财政贷款，降低贷款利息。日本政府为了贯彻“国民收入倍增计划”，缓解中小企业筹集资金问题，设立中小企业金融公库。仅1961年，日本中小企业金融公库从原来的835亿日元上涨至979亿日元。建立大企业与中小企业紧密协调机制。以大企业为中心，加强与中小企业的联系，实现大中小企业密切合作，促进中小企业发展。日本政府提倡在大企业周围建立小企业为其服务，以实现对大企业的零部件供应来带动中小企业发展。推动中小企业现代化。大公司为中小企业提供设备、技术以及人才，增强中小企业与大企业公司联系，使中小企业不仅能学习到新技术，吸收经验调整公司结构，还可以利用大公司进行品牌营销，扩大中小企业知名度。建立健全法律法规。出台《中小企业基本法》等10余部法律，设立中小企业政策审议会，为中小企业发展提供政策与制度保障。

3.调整国民教育体系

日本政府为适应经济和社会发展需要，解决科技人才、结构型人才紧缺及人口剧增等问题，推行教育先行政策，调整国民教育体系，不断增加教育投入。据统计，日本20世纪60年代的教育投入已占国民总收入的5%～6%，70年代上升到7%～8%，其义务教育、高等教育及职业教育迅速发展，为经济与社会发展提供人才保障。

一方面，日本大力发展义务教育。日本政府在全国范围内推行九年制义务教育，1947年颁布的《教育基本法》规定日本国内儿童都享有接受义务教育的权利，并陆续颁布法律法规为实施义务教育保驾护航；同时，为保证教育公平性，日本政府专门为残疾儿童设立特殊学校如盲童学校等，截至1976年底，日本已建立77所盲童学校；20世纪60年代中后期，日本已经基本普及九年制义务教育，使得国民素质大大提高，为从阻断贫富差距根源提供重要保证。另一方面，日本不断完善高等教育体系。日本政府根据社会经济发展需要，将原有的旧制大学、专门学校、师范学校合并成四年制大学，制定教育发展计划，实行扩充科技人员培养计划，仅1961年到1964年每年增招学生达2万人；到1964年，日本政府实行“在报考大学者急剧增加期间扩充大学的计划”，为尽可能多的学生提供接受高等教育的机会，培养高素质人才，为进一步缩小贫富差距提供人才保证。同时，日本还大力发展职业技术教育。随着产业结构的调整，第三产业在国民收入中所占的比例越来越大，针对这一新情况，日本政府设立“短期大学”，为社会培养中级技术性人才；1962年日本掀起创办高等专门学校的热潮，创建了19所专门学校，招收3 375名学生，并于1965年将专门学校的数量增加至65所，招收规模达到47 955人。

因此，国民教育体系的完善为日本社会培养了对口人才，缓解了产业人口紧张，促进了经济发展，拉动了人口就业，提高了国民收入，更缓解了因学历差别导致的收入差距。

4.建立完善再分配制度

日本政府利用税收制度与社会保障体系两种手段进行再分配。一方面利用税收制度调节初次分配后过于悬殊的贫富差距，另一方面利用社会保障体系保障社会弱势群体的基本生活，进一步缩小了日本的贫富差距，维护了社会的稳定发展。

日本的税收种类繁多，主要包含直接税与间接税。直接税包括所得税与法人税，间接税主要包括商品税，其中个人所得税在调节收入差距方面作用明显。个人所得税分为16档，收入越高，税费越多，税率最高为75%；收入越低，税费越少，且日本政府根据公众缴纳的所得税调节公民的年收入，“在日本，如果初次分配年收入在550万日元以下，那么经过调节后，其实际收入高于初次分配”[①]。同时，日本政府对继承和赠与所获得的收入征收继承税或赠与税，规定继承者继承遗产所占比例不得超过总继承资产的75%，且必须缴纳一定税款，在这种税制规定下，继承税和赠与税对于资产再分配起到很好的调节作用。

此外，日本政府还完善了社会保障制度。日本社会保障体系包括社会福利、公共救助、公共卫生、医疗保险及养老金等，为完善社会保障制度，为公众提供更完善的服务，缓解因社会保障而带来的贫富差距，日本政府设立专职部门为日本民众提供服务，如社会保障制度审议会、社会保险厅、老年保健福利局及养老金局等。颁布相关的法律法规，为其提供法律基础，如《国民年金法》《国民健康体系》等。在政府的大力推动下，60年代的日本已

① 高敏行. 日本经济高速增长时期财政政策的运用及特点. 日本研究，1987（21）：4.

经普及了养老保险与医疗保险，其保险覆盖率高达100%，整个社会呈现“国民皆保险，国民皆年金”的现象，在一定程度上保障了低收入者的生活，缓解了日本的贫富差距。

（二）日本缩小贫富差距的实践经验

为了维护社会稳定，二十世纪六七年代日本采取一系列措施使得基尼系数迅速下降，成功缩小了国内贫富差距，形成“一亿皆中产”的均等化社会，成为世界贫富差距最小的国家之一。因此，归纳总结日本缩小贫富差距的经验，能够为国内缩小贫富差距，进行共同富裕的实践探索提供宝贵经验。

1.更加注重“三农”问题的解决

农业、农村及农民的发展问题始终是农村经济发展的重大问题。目前，我国城乡二元结构问题一定程度上制约了农村发展，导致城乡收入差距逐渐扩大。日本在解决农业、农村及农民问题方面采取的一系列措施成效显著，可以为我国缩小城乡收入差距、促进农村农民共同富裕提供借鉴。

二十世纪六七十年代的日本长期奉行“重农主义”思想，颁布了一系列法律和相关措施解决农业、农村及农民问题，通过推进农村经济快速发展，提高了农民收入水平。一是提高农业生产力。通过改进农业结构，建立起以扩大经营规模为主要目标的农业结构，在发展农业合作组织的基础上自主经营，为大规模生产奠定基础；同时，日本政府还积极推进农业机械化，利用现代技术，不断提高农业机械化水平。利用规模化、机械化生产一定程度上迅速提高了日本的农业生产力，进一步增加了农民收入水平。二是实施兜底政策与补贴政策。日本政府注重维护农产品价格稳定，防止农民损失扩大，在农产品价格过低时，实行国家统一收购，对农产品进行兜底保护，维护了农民的切身利益；同时，加大对农业及农产品的补贴力度，降低农民生产成本，提高农民收入。三是颁布促进“三农”发展的法律法规。日本政府颁布大量法律法规保护农业发展，建立起有利于农业发展的法律体系，真正实现了“以法护农”，为农业、农村以及农民长期稳定的发展保驾护航。

2.建立完善的教育体系

教育是缩小贫富差距的重要途径，完善的教育体系不仅能够阻断贫困的代际传递，还能提高人民收入水平，使人生活得更加幸福。据统计，我国的贫困人口中存在一定程度的因教育导致的贫困问题，脱贫攻坚与乡村振兴有效衔接时期，为防止发生规模性返贫，需要继续阻断贫困的代际传递，建立更加完善的教育体系。

日本政府十分重视教育发展，20世纪60年代以来，不断加大教育资金的投入力度，为日本教育发展和国民整体素质的提高奠定了雄厚的物质基础。1955年日本教育经费投入总额仅为4 375.5亿日元，1975年增至96 113.6亿日元，20年间约增长了21倍。日本对教育资金的投入为日本建立完善的教育体系、加强教育基础设施建设提供了坚实的物质基础；同时，日本颁布了一系列促进教育发展的新制度，并在宪法中明确了教育发展的重要地位，为保障国民接受教育提供强制性保障。随着《关于适应新时代要求的技术教育的意见》《科学技术教育振兴方案》和《国民收入倍增计划》的出台，日本政府明确规定了发展教育事业、加大教育投入的实施方案与计划，为后期各项具体政策的执行奠定基础。

3.持续稳定地推动经济发展

日本政府非常重视经济的持续稳定发展，为高质量发展促进全体人民共同富裕提供借鉴。20世纪60年代，日本政府制定了《国民经济倍增计划》，并长期保持该政策的稳定实施，经过六七十年代的持续发展，日本国内经济不断发展，成功挤进世界强国行列。一方面，日本实行以政府主导的经济措施。在实施《国民经济倍增计划》后，日本立足于经济均衡发展，不断充实社会公共资本，积极改善国民住宅和生活环境、完善交通系统、规划产业合理分布和加强国土保护，发挥了政府的重要作用。另一方面，日本实施合理的税收政策和完善的社会保障体系，推进社会保障。日本政府将经济发展的大部分税收用于减免个人税收，如降低税率、提高个人所得税起征点等，针对居民收入差距过大的问题，实行“限高、扩中、补低”的财政政策，缩小居民收入发展差距，一定程度上调节了居民收入水平，尤其是提高了低收入者的收入水平。

（三）日本缩小贫富差距的教训

日本缩小贫富差距的措施对本国经济发展产生了重要影响，但也存在一定弊端。一方面，教育改革的局限使得日本产业发展不平衡，一定程度上影响了日本经济的持续性发展；另一方面，各项改革的实施只针对一部分人，一定程度上又加剧了社会发展的不平衡性，使得小企业与大企业、农村与城市、穷人与富人之间贫富差距逐渐拉大。

1.教育改革具有一定局限性

日本推行的教育改革一定程度上是为了适应本国企业发展需求而进行的改革，目的是为企业培养更多所需人才，以促进本国经济发展，但实际结果却有些事与愿违。20世纪70年代以后，日本传统工业部门和新兴工业部门位居世界前列，但部分尖端科技工业部门的技术人才却极度缺乏，加之欧美严格保护并限制尖端科学技术出口，使得日本“技术引进、改造、出口”的产业模式发展严重受限，这些都与日本教育改革脱离不了关系。日本推行的教育改革，在一定程度上虽然提高了国民的整体素质，但也导致企业界对教育界的过度干预，企业追求经济效益的思想严重影响了日本教育改革的全面性，使得改革偏向于技术型和应用型教育，忽视了对基础性学科的教育，导致日本尖端科学技术人才紧缺。同时，随着日本教育改革深入，研究与创新能力不足问题日益凸显。由于过度注重培养技术型和应用型人才，使得日本独立研究和产品创新能力不足，进而导致日本经济增长速度受限，并逐渐成为阻碍经济发展的重要因素。因此，教育改革不仅需要重视技术型和应用型教育，还要更加重视基础性学科教育，注重人才创新能力的培养，才能为经济长期有效发展提供充足的知识和人才储备。

2.农业农村发展存在一定问题

日本政府在经济快速发展时期，大力推行农民兼职，以增加农民额外收入来源，缩小城乡贫富差距，但农民兼职化带来好处的同时，也为农村经济发展造成一定负面影响。一方面，导致了农村空心化现象严重。日本经济的高速增长为越来越多的农民提供了充足的兼职机会，农民兼职化的深层次发展使得农村人口向城市快速流动，进而使农村以青壮年为主的劳动力快速流失，空心化现象严重，在农村内部产生一系列问题。另一方面，小农经济制约规模化生产。日本农村空心化现象使得农民生产经营规模不断缩小，基本保持在每户一公顷左右，小规模的农业经营不但造成农业收入难以维持农户自身的生产生活需求，而且极大阻碍了农村土地流动与兼并，无法实现土地规模化、机械化经营，导致土地生产率低下。因此，日本农民兼职化造成了农村空心化现象，使农村规模化生产受限，进而导致农业生产能力降低、农村发展严重受限，最终使日本经济发展差距日益悬殊，城乡居民收入差距反而愈发扩大。

3.新自由主义思想盛行

二十世纪六七十年代的日本经济体制是政府主导型的市场经济体制，政府在经济发展中发挥着强有力的引导与控制作用，在缩小贫富差距方面采取的积极措施使得日本在很长一段时间成为世界贫富差距较小的国家之一。但20世纪80年代后，随着新自由主义思想的泛滥，日本政府顺应时代发展推行新自由主义，实行国企私有化，撤销政府对企业的管制权，在企业中推行以临时雇员、民营化代替终身雇佣、企业工会制度，最终使日本经济社会发展的成果越来越倾向于占社会总人口少数的富人，而大企业与中小企业之间的员工收入差距日趋拉大，社会财富越来越掌握在少数有钱人手中，社会财富差距日渐悬殊，“一亿皆中产”终究成为泡影。

三、20世纪末期美国缩小贫富差距的实践经验与教训

美国在缩小贫富差距方面具有许多宝贵经验，以20世纪末期美国比尔·克林顿时期为例，克林顿执政期间，在社会缩小贫富差距方面取得一定成绩，但因具体实践过程中出现了种族歧视、政治不平等、贫困线标准不合理等问题，也值得当今社会不断深思。

（一）美国为缩小贫富差距采取的主要措施

美国前总统比尔·克林顿在竞选时便着手改革传统社会福利政策，倡导“劳有所得”，鼓励贫困人口靠自己的能力走出贫困，通过就业使生活更加富裕。20世纪末期，克林顿在任期间，美国开始将工作和福利联系起来，缩小贫富差距，探索贫困人口致富新途径。

1.改革完善传统福利制度

美国传统福利政策以“现金救济”的福利形式进行救助，导致贫困人口对福利津贴严重依赖，经常出现不思进取、好吃懒做等“懒汉”现象，政府一旦停止对贫困人口的救济，贫困人口就会被打回原形，生活依然贫困。比尔·克林顿在竞选期间就指出了美国传统福利政策的弊端，上台后大刀阔斧地改革美国传统的福利政策。因此，克林顿政府提出“劳有所得”的理念，鼓励贫困人口积极参与劳动和就业，靠自己的努力去摆脱贫困，迈向富裕生活，进而缩小贫富差距。

1996年，克林顿签订《个人责任与就业机会协调法》，标志着美国新福

利政策正式实施。法案内容可以概括为以下几方面：一是将权力下放到各州。联邦政府将福利项目资金整合为两个项目，并将资金拨给地方州政府供其自由使用，各州可以根据自身情况制定福利政策，也可以将社会福利项目签署给个人机构管理，还可以选择提供工作技能培训等其他方式进行救济，将现金救助转变为就业和自立援助，为贫困人口提供基础教育与培训工作技能机会等服务性救济，使其获得一技之长，为缩小贫富差距创造条件。二是严格限制救助时间。美国在救助时间上严格把关，规定成人福利接受者必须在两年之内就业，否则将失去继续接受联邦资金救助和享受福利政策的机会。三是严格认定未婚子女父母，降低单身妈妈比例。单身母亲贫困家庭在特定贫困群体中的贫困率高达28%，是造成美国贫困的重要因素，也是阻碍美国缩小贫富差距的“拦路虎”，为解决单身母亲家庭贫困的难题，克林顿上台后采取积极措施，防止非婚生育和未成年生育，降低未婚妈妈和未成年妈妈比例，且对未婚生子女的父亲进行认定。一方面，严格管控各州青少年。中央政府拨款给各州政府，制定管教青少年奖励措施，严格规定未成年人与自己父母亲一起生活，严禁未成年母亲自立门户，以降低单身母亲家庭的贫困率。另一方面，严格规范未婚生子女的父亲认定程序。美国规定单身母亲在福利申请时必须配合政府寻找和辨认子女父亲，确认父亲身份，拒绝提供者将无法领到福利津贴。《个人责任与就业机会协调法》的实施，使美国大多数贫困人口不得不依靠自身能力走出贫困，从长远来看，有利于缩小美国社会的贫富差距。

2.推行KIPP[①]教育

教育与贫困息息相关。美国政府通过推行KIPP教育项目，为贫困地区学生创造了相对公平的学习机会。起初，此项目由美国两名志愿者Dave Levin

① KIPP：Knowledge is Power Program，知识就是力量项目。

和Mike Feinberg发起，灵感源于他们在贫困地区两年的支教工作经历。支教中，两名志愿者意识到国家低估了贫困地区的救助难度，贫困地区教育落后，根本无法转变贫困地区家庭和儿童的思想观念。因此，Dave Levin和Mike Feinberg希望发起“知识就是力量”的倡议来扭转贫困地区尤其是贫困儿童的观念，使他们通过接受更好的教育来改变自己贫困的家庭。之后，该倡议被作为一个教育项目在全美得以推广。

1994年，“知识就是力量”教育项目由政府和社会团体出资建立第一所KIPP学校，为学生提供更多接受高等教育的机会，以培养学生自主发展能力，最终达到改变贫困家庭的目标。KIPP学校自1994年创办至今，已经成为全美最有影响力的特许学校，其经验也开始推广并影响世界一些国家，[①]KIPP项目招收学生不按背景，任何人都可以报名且均有机会被招收，如果报名人数过多，则以摇号最终确定录取人员名单。KIPP学校大多位于贫困地区，有超过86%的学生来自低收入家庭。KIPP项目为学生提供了相对公平的学习机会和平台，更为贫困地区学生靠自身改变贫富差距提供条件。同时，KIPP项目推行全面发展、全程关注的教学模式，其办学理念认为好的教育不仅包括良好的成绩，还应包含灵活应对未来的能力。为了帮助贫困地区孩子顺利走进大学，拥有更美好的明天，KIPP学校竭尽全力扩充学生的知识储备，重视学生的生存能力和职业技能培养，注重学生个人的人格塑造，为学生踏上自给自足的幸福生活奠定基础。此外，KIPP项目还拥有优秀的教师队伍团队，高度重视教师之间的相互协作，不断创新教育教学方式，提倡教师之间共同备课、分享教育经验，为学生提供优质的教师队伍、教学方式、教育质量，为贫困学生创造了相对公平的学习机会。

① 杨旻旻，连进军.美国KIPP学校二十年发展历史、成就及主要经验.外国中小学教育，2014（12）：11-17.

3.建构农业安全网

农业安全是国家安全的重要保障。为了应对农村发展难题，解决农业发展困境，美国采取一系列措施构建农业安全网。1994年颁布了《联邦农作物保险改革法案》，重构农产品安全网。政府取消紧急灾害救助计划，实行巨灾保险计划，推行强制性保险，鼓励农场主购买保障水平高于农作物巨灾保险的保险，并给予一定补贴；1996年联邦政府进一步完善农作物保险法，颁布《1996年联邦农业完善和改革法》，取消强制性要求，但需要接受政府其他津贴，农场主还需要继续购买保险。经过这两次农业改革，美国逐渐形成以收入为基础的农业保险产品，为投保人因自然灾害或价格过低所造成的损失提供保障，为美国农产品重构了安全网，一定程度上保障了农民的收入，防止了城市与农村之间因农业发展导致的贫富差距拉大问题。

（二）美国缩小贫富差距的实践经验

比尔·克林顿执政时期，美国在“劳有所得”理念之下，实施“联邦政府主导与各州政府分权”模式，改变了传统救济模式，构建起农业保护安全网，为缩小美国社会的贫富差距作出一定贡献。

1.转变了传统的救济模式

美国在长期救助贫困人口的过程中，意识到传统的现金救济模式不仅会滋生贫困人口依赖心理，使其不思进取，还会形成治标不治本后果，一旦停止救助，贫困人口就会继续贫困，无法彻底改变其贫穷落后的面貌。克林顿政府倡导的鼓励贫困人口积极参与劳动和就业，靠自己的努力去摆脱贫困的新理念，为贫困人口创造了相对公平的受教育机会，提高了获得职业技能的机会，曾一度使得接受救济的人口工作参与率急剧上升，从之前的11.6%上升至1996年的30.7%。随着《个人责任与就业机会协调法》的颁布，更加强调将被救济者推向就业市场，突出“以己之力、养己之身”的重要性。美国救济模式的转变实质是创造了一种新型救济模式，政府注重为救济者提供支持性服务，不断提高贫困人口自身发展能力，不仅改变了过去贫困人口“等靠要”的思想，提升了贫困人口的生存能力，还有利于缩小贫困人口与其他群体之间的贫富差距，创造良好的积极进取、勤劳致富的社会氛围。

2.建立起农业兜底保护网

农业保护对缩小城乡贫富差距至关重要。比尔·克林顿执政时期，美国政府财政已呈现严重赤字现象，但美国仍然颁布法案为农业健康安全发展提供兜底保障。1996年以后，美国建立以农业保险为核心的农业兜底保护网，一方面对农民购买的保险给予补贴，提高农场主购买保险的积极性，降低农业生产风险，保障农户的基本收入；另一方面鼓励农场主购买巨灾保险，以保险化解农业风险，减少政府在农业遭受巨大自然灾害时的财政支出，实现农场主、政府与保险公司的共赢；同时，取消了政府为农产主提供的价格和收入支持政策及一切补贴，将农场主推向市场，阻断了农场主对政府的依赖，激发了农场主自身经营与营销的积极性与参与性。农业兜底保护网的建立，不仅为农业生产、发展以及出口提供了最基础的条件保障，还促进了农业的发展，提高了农民的收入，缩小了农村人口与城市居民之间的收入差距、成为缩小贫富差距、促进共同富裕的有效探索。

3.联邦政府主导与各州政府分权

美国在缩小贫富差距时采用“联邦政府主导与各州政府分权”相结合的治理模式。由联邦政府制定并颁布法案，将权限下放到各州，各州政府根据自己实际情况有权利进行创新并提出适合本州的发展方案。威斯康星州根据《个人责任与就业机会协调法》，灵活制定了适合本州的福利政策。威斯康星州提出“健全的穷人没资格享受福利”，实施自己的福利方案，史称威斯康星行动，大大削减了现金救助的资金。通过开设“儿童托管、技能岗位培训、医疗保健”等支持性服务，为有劳动能力的成年人提供学习机会，明确工作是享受福利的前提；对于未成年子女作为救助对象则需要具体问题具体分析，只要其符合未成年子女救助计划的条件，即使户主没有工作也能接受救济，这一改革扩大了以前的救济覆盖范围，使收入低于贫困线125%的单亲家庭都有资格享受政府的福利，接受救济。美国实施的这种联邦与各州分权的方法使联邦政府和各州的能动性、积极性都得以发挥，一定程度上平衡了倾斜政策与救济资金问题，既保障了低收入者收入，又缩小了当时社会的贫富差距。

（三）美国缩小贫富差距的教训

美国在推行各项新政策的过程中，极力推行社会保障政策与其他配套政策，但是由于美国并未从政治、文化上限制不平等和种族歧视，使得社会资源、公民政治权利越来越向白人和富人阶层偏斜，最终导致了经济上的不平等。同时，美国贫困线的划分，仅以单一的家庭食品经济指标作为衡量标准，未能真实反映国民的实际收入和贫富情况，进而使得美国的贫富实际差距随着社会的发展而越拉越大。

1.文化领域的种族歧视导致差距拉大

美国种族歧视根深蒂固。即使美国法律早已明令禁止种族歧视，但长期根植于文化中的种族歧视并未随着法律条文的出现而消失，反而随着时间的推移愈发深入。在美国，白人的贫困率远远低于其他种族的贫困率，无处不在的“白人至上”主义使得国家、社会、机构团体在资源分配上都优先考虑白人，白人享受着最为丰富的资源、权力以及社会福利；与之相比，其他种族，尤其是黑人，受历史因素影响，在住房、金融、房地产等方面都遭受到不平等待遇。早在1968年颁布的《公平住房法》就规定禁止在住房市场因种族、肤色等原因进行歧视性活动，但在现实中少数种族的住房并未起到预期的保障性，反而形成住房隔离，大部分黑人居住在破败的城市边缘地区，而白人则居住在环境和交通较好的地区。因此，文化上根深蒂固的种族歧视使得美国政策的有效性大大降低，白人之外的其他种族在各方面遭受的不公平待遇不断加深，形成社会资源、政治权力分配不均的现象，最终导致白人与其他种族之间的贫富差距愈发拉大。

2.政治不平等加剧贫富差距

政治平等的社会能够通过民主政治制定的公平分配政策获得经济上的平等，但伴随着美国政治上的持续不平等，公民对政治的参与程度越来越低，使财富越来越多的积累在少数上层阶级和富人手中，导致了美国社会贫富差距的快速扩大，最终形成了持续性的经济不平等。20世纪50年代到70年代，“美国收入层级中前10%的富人占国民收入份额的30%，21世纪上升到45%”①。随着美国富人占国民收入份额的比重快速升高，民主政治借助再分配实现平衡社会收入分配的功能越来越受到影响。富裕阶层拥有一定的政治权力，借助这些权力拥有大量的社会财富，使得手中财富迅速积累，越积越多，之后又将手中的部分财富转换为政治权力，获得更多财富，如此循环，富裕阶级越来越富，其他阶级则越来越穷，不同阶层间的差距越来越大。

3.贫困线划分标准存在问题

美国以家庭支出的1/3作为饮食支出，将饮食支出的3倍确定为每年的贫困线。但仅以食品支出作为衡量贫困人口的标准，具有一定的片面性。一方面，以食品支出作为衡量贫困人口的标准较为单一，没有考虑到各地区之间的差距。美国东西部、城乡间日常消费相差巨大，尤其在房租方面，每个地区生活成本相差较大，其贫困标准也不能完全一致。另一方面，以食品支出作为衡量贫困人口的标准没有考虑到政府福利与优惠政策，对贫困线的计算不全面。贫困线的计算标准只计算了个人或家庭的现金收入，没有把政府的税收优惠政策和对不同家庭的各种补贴包括在内，而“这些福利项目对于家

① 汪仕凯.不平等的民主：20世纪70年代以来美国政治的演变.世界经济与政治，2016（15）：28.

庭的经济状况是有着不小的影响的”[①]，因此在这种标准之下确定的贫困人口并不准确。

第二节　南美洲主要发展中国家缩小贫富差距的实践经验与教训

巴西与智利同属于发展中国家，位于南美洲，并长期陷入“中等收入陷阱[②]”。因此，将巴西与智利进行横向比较，能够更好地总结陷入“中等收入陷阱”的国家在缩小贫富差距方面的做法，借鉴其成功经验与失败教训，以缩小本国贫富差距，维护社会稳定。

一、巴西、智利贫富差距的基本情况

巴西和智利作为南美洲典型的发展中国家，在发展经济的同时，全都陷入“中等收入陷阱”，形成城乡收入差距较大、国内贫富差距悬殊的局面。

（一）巴西贫富差距的基本情况

巴西作为拉丁美洲最大的发展中国家，在快速创造经济奇迹的同时，出现了经济快速发展所带来的贫富差距悬殊问题，主要表现在以下三方面。

城乡贫富差距明显。随着城市化与工业化的迅速推进，巴西城乡二元格

① 王永红. 美国贫困问题与扶贫机制. 上海：上海人民出版社，2011：18.

② 中等收入陷阱是指发展中国家工业化进程中奉行GDP增长方式，经过一段时间的经济高速增长使人均收入达到中等收入水平时，由于道德沦丧、法治崩溃、腐败与两极分化严重，迅速形成既得利益集团，并迅速垄断国家资源、掌控国家经济命脉、掌握国家大部分财富，造成国内市场萎缩、产业升级乏力、增长停滞不前、民族主体性削弱、经济对外依赖性增强的状态。

局迅速形成，城乡贫富差距迅速拉大。为适应市场发展需求，巴西的农业生产全面实行“三化”，即规模化、机械化、农场化，使得大量没有土地、资金的自耕农民接连破产，很多农民不得不变卖土地去获取生活来源，农村成为巴西贫困人口集聚地，导致城市与农村贫富差距拉大。同时，随着农民向城市迁移，城市中也出现很多居住在城乡结合部的新型城市贫民，城市居民之间的贫富差距也日益拉大。

区域差距扩大明显。巴西境内共分为五个部分，即北部、东北部、中西部、东南部和南部，五个区域的经济发展并不平衡，各区域之间的经济发展和人民生活水平差距较大。其中巴西东南部最为发达，其次是南部，再次是东部，中西部和北部地区最为落后，巴西的东南部和南部地区人均GDP和人均纯收入高于北部地区，北部地区的贫困人口数量和比重远高于南部地区。因此，从区域上看，巴西形成南北贫富差距逐渐扩大的发展趋势。

行业贫富差距较大。2003年，巴西调整产业结构以适应飞速发展的城市化和工业化，调整后的工业与服务业生产总值在国内生产总值中的比重增加明显，而第一产业对国内生产总值的贡献率却每况愈下。以2008年为例，巴西第一产业对国内生产总值的贡献率仅为6.9%，而第二和第三产业占比分别为21.4%和71.8%，从事服务业人员的工资是从事农业人员工资的两倍以上。巴西逐渐扩大的行业差距，使以第一产业为谋生手段的农民生活越来越贫穷。

（二）智利贫富差距的基本情况

1990年以后，智利仍然延续了自由主义路线和出口导向发展模式，但已经开始调整之前效率与公平之间的关系。智利将减少贫困和改善收入分配作为重要目标，积极推行改革，使贫困人口在总人口中所占比重不断降低，处于绝对贫困的人口数量大量减少，贫困人口和赤贫人口所占比例基本处于拉美国家最低水平，贫富差距总体呈现缩小趋势。智利的改革卓有成效，其贫困人口所占比重从1987年的45%降低到2011年的11%，赤贫人口从1987年的17.4%降低到2011年的3.1%，贫困人口与其他人口之间差距明显缩小。但是，行业与行业之间的贫富差距却仍然显著。以主导产业与其他传统产业为例，智利的主导产业铜矿业以火车头的形式拉动水、电、气等垄断部门和金融部门经济飞速增长，而传统制造业、农业、商业发展却非常缓慢。因此，智利行业与行业之间的收入差距在初次分配环节被快速拉大，从事农业、制造业以及商业人员的工资普遍低于从事其他行业人员的工资，最终造成行业贫富差距不断扩大。

二、巴西、智利缩小贫富差距采取的主要措施

巴西与智利在缩小贫富差距方面都曾积极发挥政府作用，颁布了一系列政策保障低收入者或贫困人口的基本生活，以维护社会稳定健康发展，但采取的措施却有显著不同。

（一）巴西缩小贫富差距采取的主要措施

巴西为缩小贫富差距采取了一系列措施。一是对贫困家庭进行救助。面对日益增加的贫困人口，巴西政府成立社会发展与反饥饿部，实施“零饥饿计划”和家庭救助金计划，对贫困家庭进行救助，每月定期向符合条件的家庭汇入救助金，向贫困人口提供食品，并给65岁以上的老人提供生活最低保障，实施社会救助。计划实行期间，巴西的穷人只需1雷亚尔就可以饱餐一顿。二是对低收入群体实行较低的缴费标准或零缴费等社会保险制度。在养老保险方面，农民无需缴纳养老保险费用，只需要从事农业劳动180个月，就可以在规定年龄领取政府公共养老保险金；在医疗保险方面，巴西实行全民免费医疗为主、个人商业保险为辅的医疗制度。三是实施教育扶贫。巴西的

公立大学虽是免费性质的，但是穷人由于经济能力有限，几乎不可能给孩子提供接受大学教育的机会，最终使得巴西的大学生群体富裕化、阶层化。针对这种现状，巴西于2001年开始实行“奖学金计划”，为人均收入较低的家庭每月提供15雷亚尔的奖学金。同时，巴西还实施成人扫盲计划，提高贫困人口的知识水平，帮助其找到更好的工作。四是以工资和税收手段调节收入分配。工资和税收是调节收入差距的重要工具，巴西政府从调节最低工资收入标准着手，于2011年将最低工资调整到540雷亚尔，使得低收入者工资占全国工资总额的比例逐年上升。同时，巴西政府还不断调高个人所得税起征点和税率，以减轻低收入者的缴税负担，将社会财富从富裕阶层向低收入阶层转移，缩小了巴西的贫富差距。

（二）智利缩小贫富差距采取的主要措施

20世纪80年代，智利政府开始对私有化进行改革，建立起完全积累型的养老金个人账户制度，由私人养老基金管理公司对养老金进行管理。随着养老金体系改革的有序推进，智利国内贫富差距有所缓解，贫困率和赤贫率都有所下降，但是基尼系数仍然维持在0.5～0.6之间，国内贫富差距仍然相当严峻。私营养老金制度存在覆盖率低、待遇水平不高、不同收入差距大、性别待遇差距大、私人养老金管理公司管理费用过高等问题，针对出现的各种问题，2006年智利政府再次实行了私营养老金制度改革。

首先，建立非缴费型团结养老金制度。以个人账户养老金制度为基础，采用完全积累的方式，将参保资格与年龄、居住地联系在一起。改革之后，60%的底层收入群体被纳入该养老金体系，不仅包括城市居民、农民、正式雇佣、非正式雇佣以及自雇佣者，还覆盖了老人、残疾人及遗属，使得国内90%的65岁以上老人能够领到养老金。其次，建立竞标机制解决养老金管理费过高问题。“竞标机制规定私人养老金管理公司需要通过竞标的方式决定能否为劳动力市场中近两年新增加的劳动者提供养老金产品，即获取至少18个月的养老金管理资格，”[①]以竞标方式解决了养老金管理费用过高的问题，使管理公司降低了管理费、提高了养老服务，进而挽留了老客户、争取到新客源，保证了投保人与受益人的利益。最后，设立母亲津贴补助。智利政府为65岁及以上且拥有孩子的每个妇女提供一份特殊津贴补助，该津贴“相当于在最低工资基础上缴费18个月的账户积累额的津贴；个人账户基金的回报率根据管理费用较少的C基金的年均名义收益率计算”[②]，只需在工作期间向个人账户缴费一次，即可有资格获得此津贴补助。一定程度上提高了65岁以上老人的收入。

三、巴西、智利缩小贫富差距的实践经验

巴西与智利在缩小贫富差距方面采取的措施各具特色，都针对本国国情与具体实际，值得我们学习与借鉴。

（一）统筹推进城乡社会福利

社会福利政策具有缩小贫富差距、保障社会民生、提高低收入者生活水平等作用。巴西与智利在缩小贫富差距的过程中，虽然做法有些区别，但都坚持统筹推进城乡社会福利。城市化与工业化的快速发展，使巴西和智利城乡二元结构凸显，为解决这一问题，巴西和智利政府都致力于构建完善的社会保障体系。一方面，建立起城乡一体化的医疗卫生政策。在医疗保险方面，巴西设立“全民免费医疗为主，个人商业保险为辅的医疗制度”[③]，

① 大卫·布拉沃，石琤.智利多层次养老金的改革进程与最新动向.社会保障评论，2018（3）：8.
② 赵青.智利养老金制度再改革：制度内容与效果评价.拉丁美洲研究，2014，36（03）：62-68.
③ 白维军，王奕君.巴西缩小贫富差距的做法及启示.经济纵横，2012（3）：4.

公民到公立医院治病，手术费、医疗费等全部免费，一定程度上，降低了低收入者的医疗负担。另一方面，不断完善养老保障体系。巴西明确规定，城乡居民年满65岁以上且收入低于当地最低工资的25%时，可以免费申请政府补贴；智利政府也在养老保险制度中，将农村居民和城市居民全部纳入养老保障体系，一定程度上解决了低收入者的养老问题。因此，统筹推进城乡社会福利，建立相对完善的社会保障体系，对于缩小贫富差距能够起到重要作用。

（二）重视性别待遇平等

智利政府在推行各项政策的过程中，特别重视因性别不同导致的贫富差距问题。由于劳动市场中存在着对女性的性别歧视，女性的工作收入和养老金待遇都相对较低。因此，智利政府采取积极措施，设立母亲津贴补助。考虑到男女差异而规定更适合女性的养老保险金制度和养老保险合同，这是对社会认知的一种进步，也为缩小由性别引起的贫富差距作出一定贡献。

（三）发挥政府作用

缩小贫富差距过程中，巴西政府发挥了重要作用。一方面，以政府为主导推行福利政策，将政策和各项措施向低收入者、贫困人口倾斜，积极整合社会资源，提高国民的基本工资收入，保障其基本生存能力及生活水平。如“零饥饿计划”。另一方面，巴西政府实施教育扶贫。如成人扫盲计划，奖学金计划，为贫困生发放免费教科书本，大学招生中为贫困学生留出单独的名额，保证贫困学生入学率，提高了贫困人口的受教育水平，为阻断贫困的代际传递作出一定贡献，也为缩小因教育不公平导致的贫富差距起到积极作用。面对贫困人口，政府可以制定适当的倾斜政策以减少因其他原因导致的贫困问题，增强社会发展的公平性。

四、巴西、智利缩小贫富差距的教训

巴西与智利政府在促进经济发展，保障和改善民生方面采取了一系列措施，一定程度上缩小了贫富差距，为我们提供了一些宝贵经验。同时，巴西与智利在很多方面也存在一定问题，形成一定教训，为我国在探索共同富裕道路的过程中提供借鉴。

（一）未充分发挥国民主动性

巴西政府与智力政府在缩小本国贫富差距过程中存在的最大问题就是未能充分发挥国民主动性。巴西政府在提高公共支出方面，多以现金和实物的形式进行救济，或者为低收入群体提供保障，短时期内提高了低收入群体的收入，起到一定救济作用，但从长期来看，低收入群体逐渐衍生出依赖政府的“等靠要”思想，甚至出现很多人不想依靠自己努力去改变贫困的生活状况，想要完全依靠政府救济，一定程度上影响经济社会发展。同样，智利政府设立的母亲专用津贴补助，本意是为了保障女性利益、提高女性的生活能力和生活质量，但在实践中却对部分妇女产生了严重的负面影响，很多妇女更愿意待在家中，等待养老金的到来，靠政府救济的微薄的养老金维持生活，丧失了主动上班的积极性。因此，在迈向共同富裕的探索中，必须要发挥各类群体的积极性和主动性，杜绝“等靠要”思想，培养依靠劳动脱贫致富的能力，才能真正地拔掉“穷根儿”，形成万民致富、共创共同富裕的美好画面。

（二）未处理好公平和效率的关系

随着工业化的快速推进，巴西政府将政策向企业资本金不断倾斜，以财富增长与经济发展为重，忽视了社会财富的分配与再分配问题，进而导致效率与公平的失衡，一定程度上拉大了巴西的贫富差距。由于资本积累较低，巴西的经济发展速度缓慢，为推动经济快速发展，巴西的各届政府围绕促进企业资本积累出台了多项措施，将社会公共资源向企业资本家倾斜。以工资政策为例，巴西政府以降低工人工资为手段提高企业的利润，使得大笔财富集中于企业家和少数人手中，为扩大企业资本家的积累提供机会，同时，也导致社会贫富差距进一步扩大。公平与效率就像一个天平的两端，以公平换取效率只会使社会财富迅速集中在少数人手中，造成社会贫富差距的扩大。经济发展中，必须处理好效率和公平的关系，合理保障大多数人的利益，才能减少经济发展与国民利益的损失，实现缩小贫富差距的目标。

（三）较低的养老金替代率

智利私营体制的养老金制度虽然有很多优势，但是养老金替代率不高却成为制约其持续实施的重要短板。养老金替代率是指退休人员养老金待遇与退休前最后工资收入的比率，是用来衡量退休人员养老金替代工资有效性的重要标准，也是衡量养老金是否充足的重要指标。按照国际经验，养老金替代率大于70%，即可维持退休前的生活水平；如果达到60%～70%，即可维持基本生活水平；如果低于50%，则生活水平对比退休前会有大幅下降。因此，国际劳工组织《社会保障最低标准公约》规定，养老金的最低替代率不能低于55%。然而，根据OECD（经济合作与发展组织）《2011年养老金概览》对各国的测算，智利不同工资收入水平下养老金替代率，男性为48.4%，女性则仅为37.5%，明显低于世界各国的平均水平。如果按照智利私营养老金制度的规定，国民足年足月缴纳养老保险费，则女性养老金替代率为65.6%，男性为66.1%，与国民期望的70%以上养老金替代率仍有一定距离，引发了智利国民的强烈不满。可以说，养老金替代率与国民养老质量息息相关，养老金替代率不高则会降低国民生活水平，导致一个国家整体养老保障出现问题。智利这种以保障低收入者和中产阶级为目的建立的私营养老金制度，一定程度上并不能完全改善中产阶级的生活质量，最终会引起智利民众的广泛不满，既不利于提高国民的基本生活质量，又无法维持社会的平稳有序发展。

第三节　北欧高福利国家缩小贫富差距的历史经验与教训

北欧高福利国家曾经贫富差距悬殊，社会矛盾尖锐，为了维护社会的稳定，缩小贫富之间的差距，北欧各国政府通过推行一系列高福利、高税收、高保障的政策，解决日益扩大的贫富差距问题。随着政策的持续，北欧国家推行的高福利政策，在缩小贫富差距方面取得一定成绩，维护了当时的社会稳定，但也引发了一系列新的社会问题。

一、丹麦、瑞典贫富差距基本情况

丹麦与瑞典实行高福利政策的时间久远，且二者贫富差距较小，社会福利条件都基本完善。贫困人口及赤贫人口人数较少，贫困发生率低，社会贫富差距也非常小，以瑞典为例，“根据2010年世纪经济论坛（WEF）发布的《2010—2011年全球竞争力报告》，瑞典竞争力为第二，衡量社会贫富差距的基尼系数为0.258”[①]。但丹麦与瑞典两国的贫富差距也并非一直都是如此理想，瑞典政府在采取缩小贫富差距的措施前，“1995年瑞典的基尼系数是0.487，

① 谢勇才，王茂福. 瑞典社会保障制度调节收入再分配对我国的启示. 西安财经学院学报，2013（6）：7.

贫困率为33.9”[①]因此，瑞典的基尼系数自1995年0.487降为2010年的0.258，充分表明了政府高福利模式对调节国民收入分配的优势，明显地缩小了社会贫富差距，为我国从社会福利条件方面调节国民收入分配、探索共同富裕社会提供经验借鉴。

二、丹麦、瑞典为缩小贫富差距采取的主要措施

丹麦与瑞典是典型的福利国家，在缩小贫富差距上有所相似，都采取高福利、高税收形式，建立种类繁多、项目齐全的社会福利政策，包括养老、医疗、失业、残疾人及儿童政策，保障整个社会人口的生老病死，为缩小贫富差距带来显著成效。

（一）丹麦缩小贫富差距采取的主要措施

丹麦利用完善的社会福利政策保障低收入者的各种生活条件，一定程度上缩小了丹麦国内的贫富差距。

丹麦的福利政策主要包含以下四个方面：一是家庭福利政策。一方面，丹麦政府十分重视家庭社会福利。每个家庭中，未满18岁儿童的成长环境受到当地政府的严格监督，政府会给予家庭困难孩子的父母帮助，对未满18岁的孩子提供不同种类且金额不等的津贴。另一方面，丹麦政府重视产假及与之相关的社会保障。妇女享有长时间的产假，男方也享有两周陪产假，休假期间，男女双方既可以获得每日津贴，又可以获得工资和其他社会福利，解决了家庭的后顾之忧。二是失业和社会保障。丹麦是全球失业津贴最高的国家，失业政策较为宽松，明确规定失业人口“作为失业保险基金成员一年并在过去三年

① 高霖宇.社会保障对收入分配的调节效应研究.北京：经济科学出版社，2009：146-148.

工作了52周的雇员和个体经营者，都有权领取失业救济金”[1]。失业救济金的领取时间长达五年，其中，前两年领取现金补助，后三年提供工作培训和教育机会，一定程度上保障了失业人口的生存问题。三是医疗和残疾人保险。丹麦的医疗保险由医院和初级医疗保险组成。丹麦公民可以凭借个人医疗保险卡免费享有医疗和医疗护理费；残疾群体的相关保险也很完善，如在心理或生理上遭受严重创伤且丧失50%工作能力的个人，都可以申请早期养老金。四是完善的养老保险制度。丹麦养老金制度包括基本津贴、追加津贴、单身老人的特殊追加津贴和其他情况下申请的个人津贴。因此，丹麦人民从出生到成年再到老年，不同年龄段的基本生活都被完善的社会福利政策及社会保障所涵盖，增加了低收入者或中下层人士收入，缩小了社会贫富差距。

（二）瑞典缩小贫富差距采取的主要措施

瑞典政府为缩小贫富差距采取多项高税收和高福利措施。一方面，瑞典政府设立了种类繁多且种类齐全的社会福利政策，由养老保险、医疗保险、失业保险、基本生活保险、住房和教育保险及其他社会服务等一系列保障措施组成。这些社会福利政策既各成体系又相互联系，形成了完善的从“摇篮到坟墓”的社会保障体系，为公民从出生到死亡提供各种社会救助和救济支持，为个人的生存与发展提供保障。另一方面，瑞典政府通过高税收政策实现社会收入差距的平衡。瑞典通过采取累进税制收取个人所得税，收入越高，缴税越多。其中，公司普通员工个人所得税一般在35%左右，一般工作人员在40%左右，商人、演员及运动员的个人所得税高达80%，更高者甚至达到85%。累进税制征收个人所得税的措施，一定程度上能够降低高收入群体的收入，压缩企业劳动成本，增加社会的福利投入，确保高福利政策更好实施，

---

① 陶冶. 丹麦社会福利制度运行机制对中国的启示. 现代商贸工业，2012（9）：3.

实现社会财富转移。经过高税收和高福利的调节，瑞典10%最高收入的人群和10%最低收入的人群相比，收入差距从最初的10∶1降低到4∶1，瑞典也成为发达国家中贫富差距较小的国家。

三、丹麦、瑞典缩小贫富差距的历史经验

丹麦、瑞典采取的缩小贫富差距的措施，坚持建立项目齐全、覆盖范围广的社会福利制度，保障全民的社会福利；坚持以税收制度为基础，为社会福利运转提供充足的资金与雄厚的财力；注重社会福利待遇的公平性，从社会福利的公平性角度减轻并化解社会矛盾纠纷，维护社会稳定，一定程度上缩小了丹麦、瑞典两国的国内贫富差距，维护了社会稳定，为我国和其他国家在缩小贫富差距方面提供借鉴。

（一）建立项目齐全覆盖范围广的社会福利制度

丹麦与瑞典在缩小贫富差距的措施上存在颇多相似的地方。一方面，两国都建立了项目齐全、覆盖范围广的高福利制度。瑞典与丹麦缩小贫富差距的社会福利政策涵盖养老、医疗、失业、基本生活、住房、教育及社会服务等，这些福利政策相互衔接，涉及生育、抚养、上学、就业、就医、住房等各个阶段，也涵盖包括孩子、老人、妇女、残疾人、贫困人口在内的多个社会群体，为公民从出生到死亡建立起一套完善的保障体系。另一方面，两国都通过转移支付提供救济与补贴。瑞典与丹麦通过转移支付的形式向贫困人口与低收入者提供各种津贴与补贴，以增加低收入者和贫困人口的收入，如家庭福利支出、儿童福利支出、疾病残疾支出等。以上这些措施既有效缓解了两国的贫困问题，维护了社会稳定，又缩小了居民之间的贫富差距，一定程度上促进了社会公平，为社会经济发展营造了良好的社会条件。

（二）以高额税收制度为基础

推行高福利政策的前提是国家拥有雄厚的财力，而国家财力最重要的来源就是税收制度。因此，瑞典和丹麦能推行高福利政策缩小贫富差距的重要前提就是采取了高税收政策，并将税收用于社会保障，缩小了高收入群体和低收入群体之间的收入差距。在丹麦，社会总支出的2/3是由国家税收提供。政府将税收的40%用于社会福利支出，将接近一半的税收用于改善社会民生，为丹麦居民提供社会保障。在瑞典，政府利用税收调节收入再分配。税收分为个人所得税、财产税、遗产与赠与税、养老税等，强制性、规范性、稳定性的税收能够为瑞典实施社会福利政策提供充足的资金。因此，福利制度并不简单依靠国家政策的规定，还需充足的资金及雄厚的社会财力作为基础，而税收正是为国家财政提供资金的重要手段，坚持合理征税，设定稳定的征收税率，能够为社会保障政策的规范、健康运行提供经济基础。

（三）实现社会福利待遇的公平性

瑞典和丹麦制定了许多为保障低收入者（家庭）、残疾人士、失业者、老年人的社会福利政策，体现了社会福利待遇的公平性。一方面，注重提供物质救济与其他帮扶相结合。瑞典与丹麦政府制定了很多政策保障低收入者的物质救助权利，通过提供各种津贴，发放物资对低收入者进行物质救助。同时，两国还注重保障公民获得相对公平的教育和儿童看护等其他救助权利，在一定程度上保证了全体公民获得福利待遇的公平性。另一方面，通过转移支付弥补低收入地区的福利公平性。以瑞典为例，为了让各地居民享有同等社会福利待遇，瑞典政府制定一系列制度保障高收入城市向低收入城市转移社会补助金，尽可能实现公民在社会福利上的平等，缩小人与人之间的贫富差距，实现社会财富的转移，让低收入者通过社会福利政策增加社会收入，弥补初次分配中工资带来的收入差距。因此，缩小贫富差距离不开社会福利待遇的公平性。

四、丹麦、瑞典缩小贫富差距政策的弊端

丹麦和瑞典两国采取高福利高税收的政策模式在缩小贫富差距上取得一定成效，使其成为世界贫富差距最小的国家之一，但两国在缩小贫富差距的实践中也存在一定不足，需要引起我们的警醒。

（一）政府财政负担过重

高福利的社会保障政策多由政府投入，随着时间的推进，必然会给政府财政造成一定经济负担，严重的甚至会形成财政赤字，引发政府财务危机。政府通常会发行国债以规避由此引发的风险。瑞典与丹麦常年发行国债，导致了严重的通货膨胀，使得物价飞涨、钱币贬值，加重了国民的经济负担。一方面，严重的通货膨胀导致物价上涨，使产业结构和经济结构畸形化发展，国民经济比例失调，民众时刻面临失业危险，生活水平不断下降，削弱了高福利政策所带来的积极效果；另一方面，财政赤字使得国民购买国债的积极性不高，一定程度上使政府面临资金链断裂的风险，无形中再次加重了政府的经济负担。因此，瑞典和丹麦高福利高税收模式，虽然为民众带来了全面而充足的社会福利，在消除贫困、缩小贫富差距等方面取得一定成果，但也加重了政府与社会的经济负担，引发了一定程度的通货膨胀和债务危机，使得政府财政压力越来越大，推行的社会福利政策也大打折扣。

（二）"懒汉"现象频出

高福利高税收模式通过降低高收入者收入，以高福利政策实现转移支付，

增加低收入者收入，不仅使得政府负担过重，还出现较大范围的“懒汉”现象，成为高福利国家普遍难以解决的问题。瑞典和丹麦的国民从出生到死亡都被政府纳入社会保障中，人们不需要为了养老、医疗、致残等意外情况担心，也不必为了生育、抚养、失业等特殊时期忧虑，不同时期都会有相应的社会福利制度进行保障，国民可以依靠各种社会福利津贴进行生活。正是这种保障齐全的社会福利制度，社会上很多国民存在不劳而获的心理，他们不想劳动，也不愿意劳动，因为劳动换来的工资可能还要低于依靠社会救济的津贴，一定程度上削弱了国民劳动的积极性，在这种心理“诱导”下，以瑞典和丹麦高福利国家出现了大量不劳而获的“懒汉”。同时，在长期的高福利模式之下，瑞典和丹麦两国的很多国民开始投机取巧骗取社会福利，滋生出一大批“懒汉”，使得失业率飙升、就业目标受到严重冲击，并严重冲击着劳动力市场，造成劳动力与市场需求矛盾激增，影响到经济的长期发展。因此，注重福利和税收作用的充分发挥，既要时刻关注福利制度的短期影响与长期方向，把握好“度”，调整并制定享受社会福利的必备条件，又要调动并发挥群众劳动的积极性、主动性和创造性，培养劳动光荣的价值观，形成勤劳致富的良好氛围，才能促进经济的持续稳定发展。

（三）经济社会发展缓慢

瑞典和丹麦实行高税收高福利制度，但却未能完全达到预期效果，并在一定程度上导致经济社会发展缓慢。其一，政府高昂的福利投入，使得用于社会生产和技术创新的资金严重不足。瑞典和丹麦政府高福利模式通常由政府买单，其社会福利的运行使得政府每年需花费财政收入一半以上的开支，变相地压缩了用于社会生产与技术创新方面的投资，影响了社会经济发展速度，导致瑞典和丹麦的国际竞争力下降。其二，国民的储蓄愿望低，影响到经济发展。瑞典和丹麦政府推行的高福利模式能满足人们在各个人生阶段的生活需求，削弱了国民的生活危机感，导致人们储蓄意愿不高，同时，高税收制度的实施吸纳了国民的大部分收入，人们的工资在缴纳税费后几乎没有闲钱进行存储，甚至出现国民储蓄为零或为负数的情况，一定程度上也阻碍了经济发展。其三，通货膨胀严重，导致债务危机。长期通货膨胀引发的债务危机加重了社会和国家的负担，经济下行压力的持续加大，一定程度上影响到国家经济的发展，严重情况下会导致债务危机的发生。经济持续发展是缩小贫富差距的基础，没有持续稳定的社会经济发展作为基础，缩小贫富差距、走向共同富裕只能成为空想。因此，只有在持续推动经济发展的基础上推行适合本国国情的社会福利政策和税收政策，才能真正意义上提高国民生活水平，缩小贫富差距。

第四节　世界主要国家缩小贫富差距的比较与借鉴

世界主要国家因面临的问题与背景不同，各国缩小贫富差距的措施也不尽相同，从政府、国民、社会三个层面进行横向比较，更能看出各种模式的优劣，为我国缩小贫富差距提供借鉴。

一、世界主要国家缩小贫富差距的比较

（一）政府层面

政府在缩小贫富差距的过程中，发挥着重要作用。从制度的实行角度看，不管是美英日发达国家，还是长期陷入“中等收入陷阱”的巴西与智利，或是实行高福利模式的瑞典与丹麦都积极颁布了多项缩小社会贫富差距的措施

和制度，并将保障低收入者的收入、减少贫困人口以及降低贫困发生率写进国家文件和法律中。因此，每个国家缩小贫富差距措施的实施，都离不开各项制度的实行与保障。从政策的制定角度看，各个国家在已颁布的制度大框架下针对缩小贫富差距制定并实行了一些有效措施，通过颁布养老、医疗等政策，完善基本公共服务，加快社会保障体系建设，缩小贫富差距。从政策的实行角度看，北欧福利国家是缩小贫富差距中在制度与政策上较为完善的国家，其社会福利保障涉及人生的各个阶段，充分考虑到残疾人、妇女等不同群体的利益，较为全面地保障了国民的基本生活。从政府宏观调控的力度看，国家宏观调控主要表现为经济手段、行政手段及法律手段，体现在制度的制定、政策的实施及政府缩小贫富差距的资金投入上。各国政府在社会福利保障方面的投入在国家总支出中占有的比例，都随时间的推移而不断增加，其中用于缩小贫富差距资金的投入占比最高的是北欧高福利国家瑞典和丹麦，用于社会福利、医疗等社会福利支出的资金占到社会总支出的50%，无形当中增加了政府的财政负担，使政府财政赤字过高，影响了经济社会发展。

（二）国民层面

国民在缩小贫富差距过程中也发挥了重要作用。但是，由于各国政府在制定政策措施时依赖的制度不同，因此，国民在社会发展中的作用也不同，总结各国经验发现，需要从以下几方面发挥国民层面的作用。一要尽力发挥国民的积极性。国民的积极性就是人们在政策与制度的引导下，依靠自身努力，发挥自身的主动性来缩小贫富差距。北欧国家在国民积极性和主动性的发挥方面明显低于其他国家，北欧国家高福利高税收的模式一定程度上削弱了人们依靠自身努力提高收入的意愿，使得国民劳动创造财富的积极性不高，反而滋生了一大批懒人，造成失业率居高不下，最终影响到国家经济发展。与此类似，巴西以现金救济方式救助低收入者的形式，一定程度上影响了人们参与劳动的热情，也不利于国民积极性的发挥。反观美国在社会救济时以提供支持性服务为主，以现金救济为辅，将提供工作机会作为救济的前提，一定程度上调动了当时人们就业的积极性。二要保证国民的参与性。国民的参与性就是人们在制度与政策的引导下是否愿意参与其中，国民参与的有效性对于理解各项制度和政策非常重要。智利私营养老金制度一定程度上促使人们依靠自身努力去缴纳足够、足年的养老保险费用，在65岁后才能获取养老金，这一制度使国民需要按时足额的缴纳养老保险金，提高了国民的参与度。同时，美国、日本一些政策的国民参与性也比较高，只有北欧国家国民的参与性相对较低。三要保障国民的受益性。国民的受益性就是在已经制定的政策与制度实施下，国民的既得利益是否受到较好的保障。北欧的瑞典和丹麦、陷入“中等收入陷阱”的巴西与智利及发达国家日本等国的政策覆盖范围较广，尤其是北欧国家覆盖范围涉及全民，而英美两国民众的受益性则较为片面，只是针对一部分群体，虽然在政策制定上有明文规定，但实际效果却不尽如人意。尤其是美国，非白人的种族在就业、生活、政治等方面都受到一定程度的限制及歧视。

（三）社会层面

社会在缩小贫富差距中起着重要的帮扶作用。社会力量的参与对缩小贫富差距至关重要。各国制定的制度与政策不同，往往会导致社会层面的参与程度不同，发挥社会力量的作用，有益于更快缩小贫富差距。社会力量常常以社会救助、名人带头捐款等形式参与到社会建设中。19世纪，英国的社会力量就已经参与到缩小贫富差距的实践中，英国民间以公司、社团和协会为单位，针对无产阶级住房拥挤、卫生状况恶化等问题开展慈善住房活动，为低收入者提供廉价住房；日本大企业与小企业进行联合，以大企业带动小企业发展，均衡大企业与小企业员工之间的收入差距；智利公司管理私营养老金，积极参与到社会福利政策的实施当中。可见，英国、日本、智利等国政府都积极利用社会力量并与其合作，发挥社会力量的作用，让社会力量为政府政策的实施贡献一部分价值，一定程度上也减轻了政府的负担，起到了积极作用。但是，英国与智利的社会力量参与目的不同，英国公司开展的慈善住房活动只赚5%的利润，旨在为低收入者和贫困人口（家庭）提供住房并保障贫困人口的基本生活。相反，智利管理私营养老金的公司却大多以盈利为目的，从中收取高额的管理费用，即使政府出台政策实行竞标制加强规范管理，很多公司为了赚取高额利润和挽留客源被迫降低管理费用，但却依然掩盖不了其赚取高额利润的最终目的，成为人们对智利私营养老金体系诟病的重要原因。

二、世界主要国家缩小贫富差距经验对我国的借鉴作用

在缩小贫富差距的过程中，我国可以借鉴其他国家好的经验做法，坚持发挥政府的主导作用，为缩小贫富差距提供政治保障；积极发挥人民的主体作用，为缩小贫富差距奠定群众力量；主动发挥社会的帮扶作用，为缩小贫富差距提供社会力量。

（一）坚持发挥政府的主导作用

缩小贫富差距的过程中，政府在资金、政策、制度等方面发挥了重要的作用。通过大量的资金投入，加强公共基础设施、医疗设施等软硬件建设；通过完善各项制度与法律体系，逐步提高人们的最低工资收入，完善医疗卫生、养老保险、儿童福利及教育等方面的制度，促进社会福利待遇的公平合理，逐步将政策与制度向弱势群体倾斜，提高低收入者和贫困人口的保障水平，弥补因制度与政策导致的收入差距；通过设立明确的目标，制定合理规

划，带领人民朝着既定目标不断努力。党的十九大上提出新的“两步走”战略，即2020年到2035年，在全面建成小康社会的基础上，基本实现社会主义现代化，全体人民共同富裕迈出坚实步伐；2035年到21世纪中叶，在基本实现现代化的基础上，把我国建成富强民主文明和谐美丽的社会主义现代化强国，全体人民共同富裕基本实现。只有政府拥有明确的目标，心中装着人民，心怀梦想，才能一步一个脚印朝着中国特色共同富裕之路不断迈进。

（二）积极发挥人民的主体作用

缩小社会贫富差距的过程中，需要积极发挥人民的主体作用。一方面，要调动人民参与的积极性。低收入者要摆脱“等靠要”的思想，要有改变落后生活、迎难而上的信心和勇气，根据政府要求，积极参与到社会主义建设中，依靠自身努力，改变落后的生活状况。政府通过实施相应的奖惩措施，对积极响应政府就业、创业措施的低收入者给予奖励，激励人们积极劳动的行为。另一方面，要提高人民群众的受益性。提高人民群众的积极性必须保障人民群众的受益性，实现最大程度的均衡。过于悬殊的社会福利政策或不合理的制度都会影响人民群众的受益均衡性，进而引发社会矛盾，影响社会稳定发展。因此，在缩小贫富差距过程中，需要发挥政府的主导作用，调动人民群众的积极性，发挥人民的主体作用，提高人民群众的受益性，才能实现最大程度的公平。

（三）主动发挥社会的帮扶作用

在缩小贫富差距中，社会力量能够起到一定的帮扶作用。社会力量参与帮扶的方式多种多样，表现为以下三点：一是名人带头捐赠或举办慈善晚会。利用名人的名气，引发更多的社会人士关注事件本身，带动社会群体捐资捐物，发挥第三次分配的作用。二是企业带动落后地区发展。企业积极响应政府号召，去落后地区投资建厂，以当地资源为依托，促进产业发展与结构优化升级，带动落后地区就业，促进地区经济发展，提高落后地区人民的收入，为缩小地区贫富差距作贡献。三是社会公益组织的帮助。偏远落后地区人才、教育等资源相对匮乏，社会公益组织通过组织爱心人士和有共同志愿的社会人士，利用支教、文化下乡等形式为落后地区培养和输送人才，帮助落后地区更好地发展。因此，在缩小贫富差距的过程中，需要重视社会力量的参与，号召社会力量为落后地区发展贡献力量，才能真正缩小社会贫富差距。

第六章 共享发展理念下迈向共同富裕的路径探索

共享发展是促进社会公平正义，实现全体人民共同富裕的重要保障。《中共中央关于制定国民经济和社会发展第十三个五年规划的建议》指出："共享是中国特色社会主义的本质要求。坚持共享发展，必须坚持发展为了人民、发展依靠人民、发展成果由人民共享，作出更有效的制度安排，使全体人民在共建共享发展中有更多获得感，增强发展动力，增进人民团结，朝着共同富裕方向稳步前进。"这既科学阐释了共享发展理念，也在一定程度上对共享与共同富裕的关系作出了界定。共享发展理念中包含着共同富裕的奋斗目标和对共同富裕的全面理解。共享发展理念下迈向共同富裕，需要调动全体人民的积极性、主动性和创造性，坚持发展为了人民、发展依靠人民、发展成果由人民共享，使全体人民早日实现共同富裕。因此，促进社会公平正义的实现，深化收入分配制度改革，健全社会保障机制成为共享发展理念下迈向共同富裕的重要抓手。

第一节 促进共享发展的社会公平正义

社会公平正义是实现共享发展的根本遵循。促进共享发展的社会公平正义，需要实现社会各阶层的上下流动、强化对公权力的监督制约、更加关注社会弱势群体，始终坚持以人民为中心的价值追求，使全体人民的生活水平在全面建成小康社会的基础上继续稳步提升，最终实现共同富裕。

一、实现社会各阶层的正常流动

防止出现社会阶层固化是我国经济社会发展的重要内容。阶层固化一旦形成，处于社会中下阶层的群体，即使凭借自身努力也难以得到相应的发展，使人失去向上奋斗的动力和希望。因此，打破利益固化，为中下阶层提供向上流动的正常渠道和机会，实现社会各阶层间的上下流动，能够增添社会发展活力，促进共同富裕目标的早日实现。

（一）加快推进户籍制度改革

加快推进户籍制度改革。随着城市化进程的加快，越来越多的农民涌向城市，确保农民与市民享有同等的社会权利与机会，促进各阶层的正常流动，是维护社会稳定的重要保证，体现了社会公平正义。社会主义现代化建设中，要不断完善各项规章制度，逐步健全农村领域的法律法规，保障农村人口尤其是进城务工人员的政治、文化、生活权利。尽快出台保障农村人口权利公平的相关政策，制定农村人口发展政策，确保城乡居民拥有平等的发展权利。此外，各级政府也要做好农业人口进城落户的保障工作，帮助进城落户人员在子女入学入托、看病医疗、住房养老等方面的合法权益。通过出台相关积分落户、大学生落户等政策，逐步放开进城务工人员、大学生的落户限制。制定可行性措施加强新城镇人口技能培训，提供更多的就业岗位和就业机会。

构建统一的社会服务管理制度。为增强城乡一体化、均衡化发展，需要与时俱进、改革原有户籍管理制度与人口服务管理制度，增强社会服务管理制度的科学性和有效性。充分利用信息化网络平台，建立覆盖全国的电子户籍信息系统，实行数据共享，打通城乡户籍壁垒；建立城乡联动的人口服务管理机制，将相关教育、就业、保障等服务落实到最小单位（社区或村落），落实责任机制，提高服务管理水平；深化户籍制度改革，试行以经常居住地登记户口制度，逐步建立以身份证为标识的人口管理服务制度，加快劳动力和人才社会性流动渠道，激发人才创新活力。

（二）构建促进教育公平的体制机制

习近平总书记指出，“教育公平是社会公平的重要基础，要不断促进教育发展成果更多更公平惠及全体人民，以教育公平促进社会公平正义”。以法律形式规定公民享有平等受教育的权利与义务，为社会提供相对平等的受教育机会和条件。为保证全体社会成员享有公平受教育的权利，充分发挥教育促进社会各阶层的合理流动的积极作用，需要采取以下措施。

持续改善落后地区的教育环境。随着全面建成小康社会的伟大胜利，我国大多数落后地区的教育环境和资源得到明显改善，硬件和软件设施得以加强，师资力量有所提高。但是，与发达地区教育相比依然存在一定差距。一方面，要持续加大对落后地区教育的投入力度，改善落后地区教育的办学条件与教师生活环境，在硬件方面下功夫，使现代化的教学设施在祖国大地上更加普及，使更多孩子享受到现代化的教学资源；另一方面，要在落后地区教育的软件提高中持续发力，改善农村教师的生活环境和待遇，对甘于在落后地区任教的乡村教师，加强在资金、荣誉、待遇等方面的政策倾斜与支持，努力提高落后地区教育尤其是农村义务教育的师资水平。

认真解决地域教育的差异性问题。高考作为社会公平的象征，对于每个人的影响非常大，为人们改变命运打开了机遇的大门。但是，由于各地的教育资源和质量存在差异，各地区高考分数线差别较大。有的地区教育水平较低，地理位置特殊，其高考分数线较低；而有的地区教育水平相对较高，考生也多，但域内所含优质高校资源较少，则需要较高的分数才能进入大学，一定程度上增加了阶层流动的难度。逐步解决地域教育的差异性问题，通过合作共建、人才倾斜、加大投入、政策倾斜等形式，带动落后地区教育发展，以实现阶层间的上下流动。

努力完善国家奖学金助学金贷款体系。国家奖学金助学金贷款体系是保障学生不会因为生活困难而丧失受教育机会的重要保障。一方面，要加强对非义务教育阶段的资金支持，尤其是尽快健全职高、中专、高中奖助贷体系，对于打破教育的阶层固化，早日实现教育公平具有重要作用。高校应尽快完善对特定群体的奖助贷政策，提供更多的勤工俭学机会，设置相应岗位对有需要的学生提供帮助。另一方面，要充分发挥社会救助力量的作用，在法律范围内，建立以政府为主导、多部门配合、社会力量积极参与的帮扶体系。将社会力量融入生活困难学生帮扶当中，通过设立形式多样的奖助学金，对生活困难的学生进行资助，既帮助了学生，使其学有所助，又减轻了政府负担，发挥了社会力量在社会服务中的积极作用，形成较好的社会影响力。

二、强化对公权力的制约与监督

习近平总书记指出，“公权力姓公，也必须为公。只要公权力存在，就必须有制约和监督”。公权力只能姓“公”，是用来为人民服务的。对公权力的运行需要进行制约和监督，确保公权力在阳光下运行，才能真正为广大人民群众服务。

规范公权力的运行。公权力的运行需要建立科学的制度体系，通过制度引导，确保公权力合理使用，让公权力在制度约束下正常运行。要使公权力制度规范化，必须要构建健全的权力清单制度，明确权力归属部门，做到行政部门的职权范围向全社会公开，确保权力高度透明化。同时，公权力的运行要充分反映广大人民群众的意愿，在权力规范制度的制定方面，要充分听取人民群众的意见，建立和健全听证会制度、质询制度以及监督制度，让权力的行使人员与人民群众广泛交流，使公权力在人民群众的监督下运行①。

重视公权力制约与监督。确保公权力始终用来为人民谋幸福，必须完善对公权力的制约和监督体系。一方面，健全公权力配置和运行制约机制，保证公权力在正确轨道上运行。完善公权力配置机制，强化对公权力的制约，明确公权力姓“公”，是人民赋予的权力，必须依法行使公权力。完善公权力公开机制，形成以公开促公正、以透明促廉洁的氛围。完善责任落实机制，确保公权力的正确行使，围绕公权力的运行环节，发现并纠正各类问题，精准问责，增强公权力的约束性。另一方面，完善公权力的监督体系，发挥各级党委、纪委和各部门的监督作用，健全民主监督、行政监督、司法监督、群众监督、舆论监督制度，发挥审计监督、统计监督职能，确保党的自我监督和其他各类监督相结合，形成对公权力监督的合力。

第二节　深化共享发展的收入分配制度改革

收入分配问题关系着人民群众的切身利益和我国发展的稳定性。收入分配制度改革是我国全面深化改革的重要环节，也是影响共同富裕的重要因素。迈向共同富裕的中国道路，需要完善收入分配制度，逐步消除影响共同富裕目标实现的各类障碍，通过深化收入分配制度改革，实现效率和公平的统一，缩小收入分配差距，提高人民收入水平，最终实现共同富裕。

① 徐靖. 论法律视域下社会公权力的内涵、构成及价值. 中国法学，2014（01）：79-101.

一、完善收入分配体制机制

改革开放之后，社会主义市场经济体制极大地调动了人民群众劳动的积极性，为国内经济快速增长奠定了基础。共享发展理念倡导发展主体的需要和利益分配的平等性，利益分配的标准是衡量其公平性的价值判断依据。在初次分配过程中，劳动者是初次分配的主体，提高劳动者的劳动报酬是衡量初次分配公平性的关键因素。因此，理清初次分配中的制度问题所导致的不公平，是深化初次分配制度改革的重点。

建立科学合理的工资薪酬制度。工资薪酬是保障劳动者基本生活的关键，建立科学合理的工资薪酬制度，提高初次分配比重，是践行共享发展实现共同富裕的重要基础。一要通过加强国家对工资增长的宏观调控，完善工资正常增长的制度机制，使劳动报酬增长和劳动生产率提高同步，保护职工劳动所得。二要建立健全职工工资正常增长集体协商谈判机制，充分发挥工会的主导作用，通过建立集体谈判机制形成劳资双方共创、共享财富的新模式。三要完善机关企事业单位工资制度，设置合理的职务与职级并行制度，逐步提高基层公务员工资水平，调整优化工资结构，推进事业单位改革和事业单位聘任制，完善同工同酬制度，使劳动能力与劳动报酬相挂钩。

提高劳动报酬在初次分配中的比重。增加居民的财产性收入，确保居民收入增长和经济增长基本同步，劳动报酬提高和劳动生产率提高基本同步，能够更好地体现劳动致富的基本要求。劳动报酬关乎人民生活水平与生活质量的提高，更关乎人民群众对于美好生活的追求与实现。因此，政府需要发挥积极的政策引导和调控作用。一要逐步提高最低工资标准，使最低工资水平随着经济的发展和物价水平的提高适当提高，切实保证广大劳动者的基本生活需要，更好地解决居民生活问题。二要提高居民收入在国民收入中的比重，提高低收入者拥有的生产要素的价格，保证其生产要素在市场中自由流动，促进就业机会公平，创造平等竞争的就业环境。三要严格劳动执法，使《劳动法》《劳动合同法》等与劳动者权益相关的法律得到切实的执行，保护劳动者的正当权益不受损害，完善劳资双方协商机制，改变劳动者的弱势地位，保障劳动者的劳动报酬权等各项权益。

二、深化收入分配制度改革

明确政府与市场的各自分工，强化收入分配改革的组织保障。改革开放前，我国实行计划经济条件下的平均主义分配方式，一定程度上抑制了人民的积极性和创造性，导致了人民生活的贫穷。打破平均主义最好的办法就是发展市场经济，以市场代替计划，把劳动量作为收入分配的主要标准和形式，实行多劳多得、少劳少得的按劳分配制度，充分发挥市场作用。但是市场由于自身的不足，也会导致收入差距扩大和收入分配不公等问题。市场经济条件下，需要强化政府对收入分配的行政干预力度，进行经济、制度层面的宏观调控。因此，将实现共同富裕的奋斗目标纳入国家发展总体规划，对收入分配改革方案进行总体设计，统筹协调国民收入分配政策，制定收入分配差距监测和考核体系，督促落实收入分配改革目标体系和保障措施，确保收入分配改革的顺利实施。

保障各项措施的实施，抑制收入分配差距扩大趋势。采取切实可行的有效措施，逐步缩小城乡、区域、行业收入差距，是抑制我国收入分配差距扩大的必然选择。一要缩小城乡收入差距，消除城乡二元结构，进行户籍制度改革，加快城市化进程，引导农村剩余劳动力向城市转移，转变经济增长方式，增加农村基础设施建设，建立城乡统一的建设用地市场，逐步扩大新农保和城镇居民养老保险覆盖面，提高社会保障水平。二要缩小区域收入差距，加大政策倾斜力度，促进一般性转移支付向中西部地区倾斜，提高西部地区基础设施建设，引导东部地区产业稳定有序地向中西部地区转移，使东部先富起来的地区支持中西部不发达地区建设，有效缓解东部地区产能过剩的现状，尽快建立生态补偿机制，提高中西部地区收入水平。三要缩小行业收入差距，坚持全面从严治党，严惩贪污腐败行为，切断灰色收入的利益链条；建立行业间公平竞争机制，发挥行业协会带动作用，促进民营经济发展。

深化垄断行业收入分配制度改革，解决收入分配不公问题。垄断行业大都涉及关系国计民生的重点领域和重要技术，垄断行业利用国家资源获取过高收入，不仅会造成收入分配不公问题，更会导致人们心理失衡，影响社会和谐稳定。通过推进国有企业改革，打破国有企业在市场的垄断地位，鼓励私营经济、个体经济等多种所有制经济共同发展，形成行业内部公平竞争的良性机制；提高国有企业向政府财政分红的比重，上调垄断利润上缴额度，使全民共享国有企业发展利润，保证收入分配公平化；合理规范垄断行业管理人员薪酬水平，对国有企业职工工资总额与水平实行双调控，既要限制工资总额过高，又要保持工资水平合理增长空间；完善对国有企业高管年薪管理制度，建立高管年薪与企业经营业绩挂钩机制，限制过高年薪，将其控制在合理区间，保证收入分配的公平合理性。

强化收入分配税收调节，完善国民收入再分配。国民收入再分配作为国家宏观调控的重要手段，需要更加注重社会公平，通过完善财税体系，加大税收对收入分配的调节力度，完善个人所得税制度，提高低收入者基本收入，扩大中等收入群体比重，调节过高收入者收入，取缔非法收入，建立和完善城乡最低生活保障制度，让人民拥有更多财产性收入，形成有利于结构优化、社会公平的税收制度；建立切实可行的收入分配监测制度，完善收入分配调节机制，逐步提高个人所得税的免征额度，强化税收征管力度，发挥税收对收入分配的二次调节作用；加快收入分配制度立法，确保有法可依，切实保护公民合法收入。

第三节　健全共享发展的社会保障机制

社会保障作为一项重要的社会制度安排，在实现共同富裕过程中发挥着重要作用。党的二十大报告指出：“建全覆盖全民、统筹城乡、公平统一、安全规范、可持续的多层次社会保障体系。”在共同富裕目标指向下，社会保障需要从利益保障机制、利益调节机制、利益补偿机制、利益表达机制四方面健全完善。

一、完善利益保障机制

党的二十大报告指出：社会保障体系是人民生活的安全网和社会运行的稳定器。健全社会保障制度需要建立完善的利益保障制度，通过出台相关的政策法规，确保人民群众利益有序实现。

一要推进利益保障制度化和法治化。利益保障制度化要求对利益的保障要有明确的制度，通过加强顶层设计持续增强群众利益保障制度的公平性与可持续性。利益保障法治化是在依法治国基本方略前提下，在宪法规定下，制定保障广大人民群众利益的相关法律，使社会利益保障能够有法可依。以公民权利义务对等为准则、以社会保障责任共担为手段、以共享社会保障成果为目标，健全社会保障制度，从整体性、系统性推进利益保障制度设计，最大限度发挥保障制度的作用，推进各项保障制度的协同作用。

二要切实落实利益保障制度。建立充分反映人民诉求的制度形成机制，更好地保障人民的利益诉求，政府要不断增加和拓宽人民群众诉求反映渠道，通过召开专家论证会、听证会等形式，听取专家、代表的意见，提升政府公信力。建立利益保障制度公示制度，政府要明确落实利益保障制度权责，建立权责明确的制度落实机制，对于利益保障制度的落实要制定详细的任务分解，明确落实的具体责任人，制定制度落实的时间表，提高利益保障制度落实的效率。创新利益保障制度落实的手段与方式，加强不同责任部门之间的协同作用，形成利益保障制度落实的合力。

三要深化利益保障体系改革。不断深化利益保障制度改革，完善多层次的利益保障体系，健全城乡居民最低生活保障制度，充分保障人民群众最低生活水平质量，合理配置发展资源，统筹城乡区域发展，促进社会公平发展。不断完善住房保障制度，充分考虑国内人口的基本情况和各地实际，创新住房保障措施，改革住房分配制度，建立和完善符合更广大人民群众的住房保障体系，尤其是对于保障性住房、公租房等的建设与管理，要投入更多的人力物力。不断深化我国住房公积金改革，建立完备的公积金监管体系，积极完善国内保险制度，使社会保险与商业保险协同发力。

二、完善利益调节机制

当前，我国发展正面临着新形势，人民日益增长的美好生活需要和不平衡不充分的发展之间的矛盾影响了共同富裕目标的实现。协调好社会各方面的利益关系，是实现社会公平正义的关键。在利益多元化的今天，需要不断完善社会利益调节机制，协调好社会各方面的利益关系，实现利益分配的起点公平、过程公平、结果公平。

一要深化医疗体制改革。党的二十大报告明确指出，“深化医药卫生体制改革，促进医保、医疗、医药协同发展和治理”。各级政府要明确我国医疗体制改革的意义、方向与路径，充分调动各方面积极性，加强各个部门协同，推进医疗体制改革；要正确认识、深入了解我国深化医疗体制改革的重点与难点，不断完善现代医院管理体制，提高医护人员的素质。同时完善人民群众医疗保障制度，切实推进医疗体制改革，要深入到人民群众当中，听取群众对医疗体制改革的想法，把握深化医疗体制改革的关键问题，了解深化医疗体制改革的关键环节，制定高质量的深化医疗体制改革方案，明确权利与责任，制定详细的方案执行制度；要加强监督管理，及时发现改革中的问题，建立深化医疗体制改革问题清单，建立深化医疗体制改革责任考核机制。

二要深化教育体制改革。党的十八大以来，教育事业的发展一直处于社会主义现代化建设优先发展的战略位置，要不断深化教育体制改革，提高我国的教育发展水平，提升教育公共服务水平。完善与教育相关的制度与体制，在推进素质教育的过程中，持续改进教育事业的发展模式、管理机制以及保障体系的完善与发展，不断提升我国教育质量，为社会主义建设培育人才，为经济的快速发展储备力量。构建教育基础性制度，要以形成充满活力、富有效率、更加开放、有利于科学发展的教育体制机制为目标，不断推进素质教育改革，构建教育基础性制度，充分发挥我国丰富的人力资源优势。坚持党对深化教育体制改革的领导，协调各方面资源与力量，建立教育体制改革的工作机制，加强各级政府对教育体制改革的齐抓共管职能，加强教育改革干部队伍建设，配齐配强教育改革力量，确保各项改革举措有谋划、有部署、有落实、有成效。

三、完善利益补偿机制

再分配的调节是利益补偿机制的关键，其调节力度不足与初次分配的不公平都是造成收入差距不断扩大的制度性短板。我国再分配的调节政策主要包括税收、社会保障、政府转移支付，一定程度上协调了社会各阶层之间的差距，维护了社会稳定，但也存在不足，需要不断完善社会主义的再分配制度，做好制度设计，将普惠性共享与补偿性共享相结合，以实现利益共享的内容与层次真正提升。

一要改革个人所得税制度。个人所得税是和广大人民群众关系最密切的税种，涉及千家万户利益。个人所得税制度改革对于扩大中等收入群体比重、增加低收入群体收入、合理调节高收入群体发挥着重要作用。提高个人所得税的精准性，逐步扩大工资薪金、劳务报酬、稿酬、特许权使用费的综合计税范围，将更多收入特别是资本所得纳入综合计税范围，更好实现税收公平；不断完善专项附加扣除政策，将3岁以下婴幼儿照护服务费、三孩生育相关配套支持政策与个人所得税专项附加扣除相结合，减轻家庭生育、养育、教育负担；加强对高风险行业和个人的税收监管，通过精准监管严厉打击涉税违法犯罪行为，切实保障国家税收安全，维护守法纳税人的合法权益，促进社会公平正义。

二要完善社会保障体系。当前，我国已建成世界上规模最大的社会保障体系，基本医疗保险已经覆盖超过13亿人，基本养老保险覆盖接近10亿人，社会保障制度逐步完善。要更加照顾不同群体的社会保障需求，加强基础性、普惠性、兜底性社会保障制度建设，加强对低收入群体的保障力度，提高社会保障体系收入再分配功能的精准性，缩小城乡、区域和社会群体之间的收入差距，提高居民消费水平，拉动潜在内需市场。要加快发展多层次的社会保障体系，继续提高社会保障制度的层次性和丰富度，满足中高收入群体的多样化社会保障需求，不断扩大中等收入群体规模和比重。要促进社会保障体系更加多元灵活，适应创新驱动发展的要求，提高对灵活就业人员、新业态就业人员等新就业形态从业人员管理的精细化程度和服务水平，不断满足新形势下衍生出的社会保障的新需求，适应创新型经济发展契机，促进新就业形态从业人员被全面纳入保障对象，更好地保障人民群众的根本利益。

三要推进基本公共服务均等化。转移支付是推进基本公共服务均等化的重要手段，政府间财政转移支付能够缓解财力不足问题，减轻地方财政负担，提高基本公共服务水平。要不断优化转移支付结构，发挥转移支付调节地区间财力差距的作用，建立严格的专项拨款项目准入机制，增加一般性转移支付，帮助中西部等地区解决财力不足等问题。要提高政府间转移支付法治化水平，加大对违规使用转移支付行为的惩处力度，完善法律法规，使政府间的财政转移支付有法可依。要健全转移支付的考评监督机制。有效的考评监督机制是实现转移支付目标的重要保证，明确政府在推进基本公共服务均等化中的职责，建立良性竞争关系，优先基本公共服务支出。针对转移支付效果，进行专门的绩效考评，设置量化指标，对其社会效益和经济效益进行考察、评价，确保转移支付资金运用的效果。

四、完善利益表达机制

党的十九大以来，人民日益增长的美好生活需要和不平衡不充分的发展之间的矛盾成为社会主要矛盾，为确保人民群众利益能够切实得到维护，需要建立和完善人民群众利益表达机制，引导人民以更理性、更有效的方式表达自我诉求。

一要完善群众组织的利益表达。为了维护社会公平正义，充分认识人民群众的利益诉求，需要支持人民群众表达合理诉求的权利，实现好、维护好、发展好最广大人民根本利益。因此，需要引导人民群众树立合法、合理、有效表达利益的意识。合法就是要求人民群众在我国法律规定的框架下表达自己的诉求，确保自己的行为符合我国宪法和法律的要求；合理就是要求群众在表达自己诉求时要从自身出发，避免受到外界因素的干扰，同时，由于不同群体或者个人对利益的诉求存在差异，为了能够最大限度地保证群众利益，需要权衡各方利益做出最合理的利益决策；有效就是要求人民群众需要更清晰地表达自己的诉求，选择更有效的利益诉求通道。目前，我国的信访制度正在逐步完善，各级政府也建立相应的信访接待制度，能够最大限度地听取群众的诉求。因此，要采用合理合法的途径有效表达自我利益诉求，避免用过激甚至违法的方式扰乱正常的社会秩序和影响其他人的合法权益。

二要健全政府部门利益表达。发挥人大和政协代表作用，充分反映人民的意志，确保最广大人民的利益追求。坚持和完善人民代表大会制度。一方面，人大代表的结构层次需要考虑行政区划、行业特征以及阶级层次等，人大代表要充分履行自己的义务，行使自己的权利，积极融入人民群众之中，通过自身影响调动人民群众参与社会事务的积极性，积极听取人民群众的意见和诉求，尤其要考虑社会弱势群体的利益。另一方面，积极将最新的制度、规范与政策传达到群众，扮演好表达民意、宣传政策的角色。人民政协也要充分发挥政治协商与民主监督职能，广泛听取各界人士、人民团体、各个行业协会以及各个社会群体组织的意见，真正成为了解人民群众利益诉求的桥梁，为人民群众利益表达提供更多样与更广泛的渠道。

三要加强传播媒体的利益表达。新媒体的发展为人民群众表达自身诉求提供了更为便捷的平台，尤其是网络新媒体的发展，降低了人民群众参与社会建设与表达利益诉求的门槛，但是网络新媒体的发展是一把双刃剑，它在为人民群众提供更广泛、更便捷的通道的同时，也导致许多虚假信息的产生，甚至对良好的社会秩序产生不利影响。因此，需要加强对新媒体的监督管理，保证传播内容的真实性、合法性。一方面，充分发挥大众媒体的利益表达作用，不断优化组织架构与运行机制，建立公开透明的表达流程，使其成为表达人民群众利益的合理渠道；通过收集人民群众的诉求，使大众媒体成为政府决策的重要信息来源；通过发挥电视等媒体的优势，提供人民群众与政府人员直接面对面的渠道，建立电视问政与述职制度，保障人民群众与政府办事人员的直接沟通。另一方面，加强发挥互联网新媒体利益表达作用。互联网新媒体作为目前最广泛、最有效的表达平台，对不良社会现象的揭示具有重要的作用，能够实现最大范围内的公众参与，也便于政府宣传与解读政策，拉近与人民群众的距离。因此，需要建立健全网络管理制度，提倡人民合理合法地表达诉求，严惩散布不实消息、煽动人民群众情绪的行为。

第七章
迈向共同富裕的生动实践

共同富裕不仅有深厚的理论基础，实践中也有许多生动鲜活的案例。在迈向共同富裕的过程中，涌现出以河南刘庄、贵州塘约为代表的坚持党的领导、走社会主义集体化道路的村镇，2021年5月20日，党中央、国务院印发《中共中央 国务院关于支持浙江高质量发展建设共同富裕示范区的意见》，选取浙江省作为高质量发展进行共同富裕建设的示范窗口，彰显了社会主义制度的优越性，走出一条新时代的共同富裕之路。

第一节 迈向共同富裕的“刘庄模式”

没有农民的小康，就没有全国的小康，没有农业的现代化，就没有整个国民经济的现代化，同理，没有农民的共同富裕，就没有全国人民的共同富裕。河南刘庄以其成功的集体经济形式，实现了广大农民的生活富裕，走出一条依托集体经济实现共同富裕的道路。

一、“刘庄模式”的形成与发展

刘庄，地处河南省新乡市新乡县七里营镇，北依太行山，南临黄河，从

20世纪50年代开始，在原党支部书记史来贺带领下，始终坚持集体经济，走出一条逐步实现共同富裕的社会主义道路。如今刘庄早已实现家家有空调、彩电、冰箱、洗衣机、摩托车、汽车等全套电器和交通工具，村民享受免费住房、上学、医疗、养老等10多项福利，基本实现产业兴旺、生态宜居、乡风文明、治理有效、生活富裕，成为迈向共同富裕的典范。

（一）“刘庄模式”的形成背景

“刘庄模式”的形成基于新中国成立后70多年的发展，伴随着中国农村社会经历了三次大的变化。新中国成立初期，农村土地制度改革确立的“耕者有其田”和“国家依照法律保护农民的土地所有权和其他生产资料所有权”，改变了原有的土地模式，促进了农村生产力的发展；农业合作化运动，通过兴修水利，共同生产，重新把分散的农民组织起来，开始走上一条以集体经济为主导的社会主义道路；改革开放以来，通过农村经济体制改革，刘庄确立起以统分结合为基础的家庭联产承包责任制，极大地解放和发展了生产力。同时，党支部书记史来贺为刘庄发展也作出突出贡献。生于穷苦农民家庭的史来贺，担任刘庄党支部书记51年，多次受到毛泽东主席和周恩来总理的接见。在史来贺的带领下把远近闻名的贫困村，发展成以集体经济为主导的社会主义新农村，开拓出一条迈向共同富裕的中国道路。

（二）“刘庄模式”的发展历程

为带领村民实现共同富裕，老书记史来贺带领刘庄干部群众，苦干实干。刘庄在发展过程中真正做到了集体经营与分散经营相结合，成功地处理好了个人与集体的利益关系问题。通过技术攻关实现粮棉双高产，成为全国最早一批解决温饱的先进村，依靠集体工副业发展经济，成为农村“中原首富”，进入21世纪，以生物药业为龙头，收入稳居全国农村前列。

1.社会主义建设排头兵（1949—1978年）

新中国成立后，对农业进行社会主义改造，通过合作化道路，把小农经济逐步改造成为社会主义集体经济。从1953年到1957年，刘庄坚持自愿互利原则，始终把发展生产、逐年增产、改善生活作为宗旨，通过由低级到高级的农业社会主义改造，逐步实现了生产资料的集体公有制，通过不断发展生产，成为农村社会主义建设的排头兵。

为实现“让群众有衣穿、有饭吃、有房住，都过上好日子”的目标，改变刘庄贫穷的面貌，1953年，刘庄人依靠合作化运动改善农业生产条件，把千百年不适宜耕作的750多块凹凸不平的土地，改造成方正平整的农田，初步实现了“旱涝保收”。

在土地改造的基础上，史来贺带领刘庄村民把棉花种植作为农业起步的突破口，依靠成立农民、干部与技术员三结合的科研小组，潜心研究棉花种植规律。通过长期艰苦的观测与实验，1957年棉花产量实现大突破，1 250亩棉田总产皮棉139.37万斤，平均亩产111.5斤，遥遥领先于全国平均35斤的棉花亩产量。

1958年，全国开始“大跃进”运动，“浮夸风”“共产风”盛行，但刘庄秉持实事求是的精神，在运动面前保持了定力，只是象征性地拿出3亩地配合上级进行“小麦高产放卫星”实验，其余土地仍旧按照原来方式进行种植，棉粮产量仍旧保持平稳增长趋势。到了1960年，全国经历“三年自然灾害时期”，刘庄却依靠前期技术积累与实干精神获得农业大丰收，皮棉平均亩产80公斤、粮食产量500公斤以上。[①]

1964年到1966年，为节约肥料成本、改善土壤质量，提高亩均单产，史来贺带领全村人大搞养猪积肥，通过规划集中对全村农田进行增肥运动，

---

① 闫立超．学习和弘扬史来贺精神的回顾、反思与展望．社会主义核心价值观研究，2018，4（05）：63-72.

为刘庄农业保持高产稳产打下坚实的基础。1966年刘庄终于解决了全村人的温饱问题。[①]刘庄人民基本实现温饱后，逐步认识到要想实现共同富裕，农业还必须向生产深度和广度进军。因此，刘庄人搞起了畜牧业，先后从各地购买了不同数量的奶牛、驴子、小马驹，通过潜心摸索养殖技术，各种品种基本实现自繁自养，经过几年发展，刘庄畜牧业规模日益扩大，建成了拥有上千头牲畜的畜牧场，为工业化发展积累了重要的经验和资金。

2.集体经济实践者（1978—1985年）

党的十一届三中全会之后，围绕"还要不要继续走集体经济道路"的问题，刘庄人发生了争论。老书记史来贺在认真调查研究的基础上，结合刘庄集体经济发展实际，认真研读思考中央文件精神实质，作出"刘庄应当坚持搞集体经济"的决定。但在改革开放的新形势下，史来贺也对刘庄集体经济发展提出新要求。在坚持生产资料公有制的基础上，由刘庄村两委发起成立刘庄农工商联合社，把土地承包给专业合社，工厂承包给农工商联合社下属的各个企业。事实证明，这种统分结合的经营方式既调动了全体村民发展生产积极性，又能巩固壮大集体经济。[②]

刘庄集体产业从90元购买的3头小奶牛起步，通过辛勤劳动、精心饲养，发展成拥有一定规模的大畜牧场，为刘庄走工业化道路奠定了物质基础。史来贺从修拖拉机上的小喇叭中获得灵感，随后经过反复琢磨和实验，终于造出刘庄第一对小喇叭。随着技术的成熟和设备的扩大，刘庄一年能生产小喇叭3万对，逐步走上农村工业化道路。随后的几年，刘庄村民又办起了面粉厂、冰糕厂、食品加工厂、造纸厂等村办企业。深信"无农不稳、无工不富、无商不活"的史来贺带领刘庄村民，全面发展农、林、牧、工、商各业，刘庄集体经济发展步入快速稳步发展的轨道。

---

① 王静华.史来贺与刘庄发展道路.新乡日报，2018-04-10（001）.

② 唐金培，盛中伟.刘庄的集体富裕之路.党史文汇，2008（09）：34-40.

1980年底，刘庄已经实现全村工农业总收入205.5万元，60%以上的产值来自工副业，人均收入达1 708元，成为河南省第一个“小康村”[①]。从1980年到1984年，刘庄工农业总收入年均增长15%。1984年全村各行业总收入达521万元，人均收入4 100元。正是经历了艰辛创业之后，刘庄才积累起办企业的经验、人才和资金，为今天的发展奠定了扎实的基础。[②]

3.以龙头企业为抓手基本实现农村工业化（1985年至今）

1985年之后，刘庄发展面临着产业结构较为单一、产品规模较小、产品科技含量不高、产业发展后劲不足等突出问题。能不能解决好这些问题是关系到刘庄集体化产业生死存亡的关键。在史来贺书记的带领下，村党支部经过反复对比和科学分析，决定发展以肌苷为原材料的高科技生物工程。

1985年底，依靠前期集体经济资金与村民自筹，刘庄投资1 500万元，开始筹建生产肌苷的华星药厂，1986年6月建成使用。依靠艰苦奋斗自力更生的精神，刘庄人通过多次试验，设计解决设备安装问题，采取“走出去”与“请进来”相结合的办法解决技术难题，通过努力，高科技生物工程逐步发展成刘庄的支柱产业。1988年华星药厂产值超过3 000万元，肌苷产量占全国一半以上。华星药厂的成功，标志着刘庄走上了一条依靠资金、技术积累发展的高科技企业发展之路。

在获得良好收益与市场前景的基础上，刘庄党支部又于1989年投资2 500万元建设华星药厂第二分厂。1993年开始生产青霉素钾、青霉素钠，1995年开始生产红霉素，1998年开始生产氨苄西林。经过一系列措施，刘庄产业结构逐步升级并进一步完善。

华星药厂的成功，使刘庄实现了由农业化到工业化的转变，奠定了刘庄发展的基础。史来贺2003年逝世后，其儿子史世领当选为新一届刘庄党支部

① 赵智奎.史来贺精神与刘庄之路.北京：社会科学出版社，2013：51.

② 王静华.史来贺与刘庄发展道路.新乡日报，2018-04-10（001）.

书记。如何在“守好业”的同时积极“创新业”，成为摆在新一代刘庄人面前的难题。面对内外挑战，新一届刘庄党支部继续带领刘庄群众坚定走集体经济、实现共同富裕的道路。一方面，在农业生产方面，推动传统农业向现代农业发展。刘庄通过购买大型收割机、全自动喷灌机、拖拉机、挖掘机、装载机、播种机等几十部大型机械，实施农业生产全过程机械化操作，引进现代科学技术科学种田，使粮食亩产取得新突破。另一方面，转变经济发展方式，发展新型产业。受2008年经济危机影响，刘庄及时调整药厂产品结构，同时建成10万吨玉米转化扩建项目——刘庄淀粉厂，生产淀粉向华星药厂进行供应，扩宽了产业道路；通过投资建成河南绿园药业有限公司，生产半合青、维生素、头孢等系列产品，坚持发展循环经济和绿色环保低耗相结合，成为新时期刘庄经济发展的新增长点。

经过几十年发展，刘庄逐步形成以农业为基础、以高科技生物制药产业为先导、其他工业产业为配套发展的新型工业格局。村民生活水平和福利快速提升。村内建立起的退休保障制度、医疗保障制度等社会保障体系，实现了社会稳定与经济快速发展，村民获得感、幸福感显著提高。

二、“刘庄模式”的成功经验

刘庄党支部始终把实现好、维护好、发展好最广大人民根本利益放在发展的突出位置。在“按劳取酬、合理差别、共同富裕，自力更生、开拓创新”理念指引下，产业结构发展全面、经营管理模式先进、分配制度设计合理，成功把远近闻名的“长工村”建设成为全国闻名的富裕村。

（一）形成农工商业全面发展的产业结构

刘庄坚持发展壮大村级集体经济，不断解放和发展生产力，经过70多年的发展，逐步形成在党支部领导下统分结合的双层经营体制，形成了农工商业全面发展的产业结构。

1.注重农业的基础性地位

刘庄农业发展经历了“以农养农—以农养副—以工建农”的发展历程。刘庄人始终坚定地认为“无农不稳”，并能在发展中及时调整农业种植结构。1960年开始，坚持“能用畜力，不用人力；能用机械，不用畜力”的发展理念，逐步提高机械化水平。如今已实现现代农业发展的刘庄不断筑牢农业的基础性地位，大力发展以集体经济为主导的工业产业，为工业现代化夯实基础。

2.发挥工业的支柱性作用

刘庄工业发展主要集中在以高科技为支撑的华星药厂和绿园药业，以农产品深加工为主的刘庄淀粉厂和为华星药厂提供配套产品的刘庄机械厂。经过40多年的发展，刘庄人始终坚持以高科技制药企业为先导，注重发挥工业的支柱性作用，在党支部带领下，大力发展村级集体经济，促进村庄整体性发展，提高了村民的生活水平。

3.提升服务业的窗口作用

刘庄服务业主要集中于满足刘庄人用车需求的刘庄车队、满足日常消费的刘庄商业公司以及接待外来人员的刘庄大酒店，为刘庄集体经济创收、展示对外形象、提高村民生活质量作出重要贡献。经过几十年发展，刘庄产业结构实现了从单一农业到农牧副工商全面发展的转变，产业结构的优化升级使刘庄实现了立足农业、发展农村、壮大村级集体经济的目标。

（二）构建“集体所有、统一经营”的经营管理模式

实行集体专业联产承包责任制。1980年，刘庄成立农工商联合社，统一农牧副工商各业，由36个承包单位进行经营。随着集体经济发展，刘庄的

经济组织改名为刘庄农工商总公司。在总公司内采取层层发包的形式，推行“集体综合经营、专业分工生产、分级承包管理、奖罚联责联产”的专业联产承包责任制。这种经营管理模式一方面可以发挥刘庄已有的集体经济优势，另一方面下属企业拥有很高的生产经营自主权，在发挥家庭分散经营力量的同时，更加强调统一经营对生产力的促进作用。

通过村级民主落实集体产权。长期以来，刘庄的生产资料归全体刘庄人集体所有，全体村民拥有集体财产的共同所有权，刘庄人通过民主程序选举产生的刘庄村民委员会作为财产法人，接受刘庄村民监督，是刘庄集体经济的决策机构，对生产资料行使支配权。刘庄民主制度的健全保证了村民行使自己作为集体财产主人权利的实现。

通过集体所有制实现统一经营。刘庄农工商总公司下属的各个企业均是刘庄全体村民共同出资、共同占有生产资料、共同劳动的组织形式。这种形式有利于发挥村民在企业生产管理中的积极性、主动性和创造性，解放和发展了生产力，逐步提高村民生活水平。

（三）建立以共同富裕为目标的分配制度

邓小平强调“社会主义最大的优越性就是共同富裕”。刘庄在生产资料所有制上长期坚持集体所有制，分配制度上长期秉持按劳分配原则。所有制形式和分配制度为刘庄实现共同富裕提供了强有力的制度保障。

刘庄在长期实践中形成的按劳分配制度离不开集体经济的快速发展，通过实施按劳取酬、合理差别，对劳动所得的工资、奖金和年终奖进行合理分配。一方面坚持按劳分配原则，鼓励多劳多得、适度体现差别；另一方面通过村两委的社会福利分配，体现了人人平等、共同富裕。实践证明，这种“两个渠道”的分配制度既促进当地生产力发展，又提高村民生活水平，朝着共同富裕目标不断迈进。截至2019年底，刘庄集体总资产达到18亿元，全村经营性收入超过12亿元，人均可支配收入达到58 000元，走出一条迈向共同富裕的中国道路。

三、"刘庄模式"的当代价值

"刘庄模式"的成功，离不开老书记史来贺的带头领导，离不开实事求是思想路线的生根发芽，更离不开长期实施的集体经济发展方式，其实践对于我国早日实现全体人民共同富裕具有重要的参考价值。

（一）实现共同富裕需要发展集体经济

发展集体经济离不开合适的经营模式。刘庄始终坚持走集体经济的社会主义道路，形成"共同所有、集体经营、合理差别"的经营模式。改革开放以来，我国农村逐步改变了过去"三级所有，队为基础"[①]的经济制度，实行家庭联产承包责任制。刘庄在土地集体经营的基础上，把绝大多数劳动力从土地上解放出来，发展现代工业，既解决了村民就业问题，又发展了生产力，提高了村民收入水平。史来贺和他领导下的刘庄党组织，不管外部环境如何变化，始终以发展集体经济作为实现好、维护好、发展好全体村民根本利益的主要途径，数十年如一日的发展，最终走出一条适合自身发展的道路。

发展集体经济需要不断培养群众集体观念。刘庄人的集体观念是在巩固、发展和壮大集体经济过程中逐步形成和发展起来的。从带领群众进行土地改造为棉粮高产打基础到兴办食品厂、造纸厂积累集体财富，从生产小喇叭到建设高科技制药企业，刘庄集体经济发展的每一步，都促进了刘庄人集

① 生产资料和产品属于公社、生产大队和生产队三级集体所有，在三级集体所有制中，生产队一级是基本核算单位。

体观念的形成与培养。随着集体观念的形成，形成“集体空，没人听；集体有，跟党走；共同富，走的才是社会主义路”等口号，通过大力宣传，集体观念深入人心，使发展好、维护好集体经济成为刘庄人不断努力追求的目标。

发展集体经济离不开基层党组织的领导核心作用。农村要致富，必须建设好党支部。发展集体经济离不开农村基层党组织的坚强领导，更离不开一个好的带头人。通过几十年的发展，刘庄人总结了做好农村党组织工作必须正确对待的三种关系，一是书记与委员关系，要发扬民主集中制，不搞一言堂；二是干部与群众关系，要真正做到全心全意为人民服务，同时加强对群众教育；三是上级与下级关系，下级要真正贯彻落实工作计划安排，上级要注重听取下级意见建议等。强调发展集体经济目的是实现共同富裕，党员干部在干事创业中必须发挥先锋模范作用，不准以权谋私，不准搞宗派，不准弄虚作假，不准打击报复。这些规定增强了刘庄党组织的凝聚力、战斗力，为集体经济发展创造了良好的政治环境。

（二）实现共同富裕需要发扬社会主义精神

发扬社会主义精神要有坚定的理想信念。刘庄党支部十分重视用共产主义与集体主义精神教育干部群众。长期以来，刘庄村党支部坚持“三会一课”制度，坚持用党的最新理论成果武装党员群众。经常在党员群众中开展新旧社会对比、集体化组织前后对比、先锋模范与普通党员对比、改革开放前后对比、中国之治与外国之乱对比等教育，讲清楚社会主义的优越性、改革开放以来的伟大成就、集体化道路的正确性，增强群众对于共产主义的理想信念。

发扬社会主义精神要有先锋模范带头人。一个有希望的民族，不能没有英雄，一个有前途的国家，不能没有先锋。刘庄七十多年红旗不倒，离不开好的党组织，更离不开好的带头人。老书记史来贺能够成为刘庄的带头人，是在长期的社会主义建设中历练出来的。经历过旧社会苦难的他从小就懂得党的伟大，懂得人民的力量。自从20世纪50年代担任党支部书记以来，史来贺时刻以一个共产党员的标准严格要求自己，始终做到全心全意为人民服务。史来贺还注重干部队伍的作风建设，始终以自己的亲身行为教育干部要自觉抵制歪风邪气、不搞特殊、不以权谋私，只有这样才能发挥好模范带头作用。

发扬社会主义精神要重视文化教育。在几十年的发展实践历程中，刘庄人强烈感觉到良好的文化教育环境对于人的影响，因此刘庄村两委一方面发现人才，把具有社会主义精神和情怀的人才吸收到党组织中；另一方面不断加大对本村中小学教育的投入力度，推动社会主义精神进校园、进学生头脑，培育集体主义精神。同时，注重提高干部、村民的整体素质，通过各类夜校、技校、培训班等形式，引导大家终身学习。

（三）实现共同富裕需要坚持实事求是的基本原则

坚持实事求是需要从大多数群众利益出发。做事情要从实际出发，具体问题具体分析，绝不搞“一刀切”是“刘庄模式”成功实施的重要法宝。合作化运动时期，周边村庄一哄而上，刮起“共产风”。但刘庄始终坚持实事求是原则，不虚报，不浮夸，按照自身实际情况进行发展。改革开放以后，全国大多数农村开始实行家庭联产承包责任制，刘庄却结合自身发展实际，依然“坚持搞集体经济”，既发挥了集体经济优越性，又最大限度地调动了农民劳动的积极性，实行联产承包责任制，使刘庄经济发展步入快车道。

坚持实事求是需要相信和依靠群众。群众是历史的创造者，群众中蕴含着巨大的力量。刘庄的党组织始终相信和依靠群众，每逢重大问题决策时，不仅要经村两委讨论，还要广泛听取群众意见，保证人民群众广泛参与各项事务管理。在社会主义建设初期，党支部发动群众进行农业生产技术创新，组织群众进行农田水利建设；在社会主义建设新时期，群策群力发展好生物工程产业。刘庄始终把群众的时间和精力、智慧与力量、认识与实践都集中到发展先进生产力要求上，坚持让群众共同享受到改革发展带来的实惠，一切以人民利益为重，与群众同甘共苦，获得群众的长期爱戴和拥护。

坚持实事求是需要正确处理国家、集体、个人三者关系。既要调动个体劳动的积极性，更要着眼于长远，着眼于集体发展大局。计划经济时期实行棉粮征购时，刘庄从不浮夸虚报，而是精打细算，留足群众口粮、牲口饲料、种子、储备，同时尽量为国家多作贡献。在实行联产承包责任制以及发展生物高科技产业时，史来贺带领刘庄党支部成员给每个家庭分发征求意见卡，虚心倾听群众意见，同时教育群众正确认识国家、集体与个人的利益关系，看清长远利益与当前利益。

刘庄发展的历史，就是坚持实事求是、人民利益至上的历史。刘庄人在探索实现共同富裕道路过程中，无论在什么样的历史环境下，始终坚持发展生产、改善人民生活这一中心工作不动摇，坚持发展集体经济，从人民利益出发，走出一条具有中国特色的共同富裕之路。

第二节　脱贫致富的“塘约模式”

实现全体人民共同富裕，离不开农村人民的生活富裕。推进乡村振兴战略，实现全体人民共同富裕，需要坚持农村基层党组织领导核心地位不动摇，充分发挥基层党支部战斗堡垒作用和党员先锋模范作用，实现党对农村工作的全面领导。贵州省安顺市塘约村通过不断巩固集体所有制，加强党支部领导，不仅迅速摆脱贫困，更走出一条适合自身发展的逐步实现共同富裕的“塘约道路”，形成“塘约模式”。

一、“塘约模式”的形成与发展

2014年6月，塘约村遭遇一场百年未见的大山洪，全村遭受毁灭性打击。村两委将村民重新组织起来，以党建为引领，坚持走集体化道路，成立“村社一体，合股联营”的村集体合作社，全体村民自愿把承包的确权流转到合作社中，做到“七权同确”，巩固了集体所有制，实现了塘约由省级二类贫困村向“小康示范村”的转变。

（一）“塘约模式”的形成背景

塘约村位于贵州省安顺市平坝区乐平镇西北部，占地面积5.7平方公里，辖10个自然村、11个村民组，有921户3 393人，耕地面积4 860亩，人均耕地面积约1.43亩。该村在2014年以前是省级二类贫困村，拥有30%撂荒土地和30%欠债村民，是典型的西部闭塞“空壳村”。

2014年连续遭遇两场洪水之后，塘约村变得更加贫困。内外环境迫使村两委一边组织村民救灾，一边思考着塘约村未来的发展方向。在市领导的鼓励与支持下，塘约村在党支部书记左文学带领下成立合作社，由党支部把村民组织起来，通过政府出资农民出力的形式，进行脱贫攻坚改革试点。

（二）“塘约模式”的发展历程

水灾后，在党支部书记左文学带领下，塘约村迅速成立了由班子成员带头出资组建的集体合作社，将原本分散经营的土地集中起来由集体统一经营。村委会出面，成立村级土地流转中心，对农村土地承包经营权、林权、集体土地所有权、集体建设用地使用权、房屋所有权、小型水利工程产权、集体财产权“七权”叠加，并进行确权登记，明晰农村产权“身份证”，实现了

"七权同确"，解决了村民的后顾之忧。将土地所有权、承包权、经营权三权分离，土地所有权归集体所有，土地承包权经营权转让给合作社，将承包经营权转化为股权，确保土地所有者、经营者、劳动者三者利益和谐统一。在此基础上，村委会牵头，打破原有单一的农业生产模式，形成农工并举的多样化产业模式。通过组建劳务输出公司、妇女创业联合会、建筑公司、运输协会等组织，巩固了集体经济地位，吸纳了村民就近就业，提高了村民的生活水平与生活质量。同时，塘约村不断提高村庄管理水平，在原有村规民约基础上，制定了"红九条"与"黑名单"，进行乡风治理，规范日益攀比的红白喜事，使处理村内事务时有规可循。通过乡风治理机制实施，村民环保意识和文化素质得到提高，增强了改革的内生动力。

二、"塘约模式"的成功经验

2014年水灾之后，塘约村经过"观念变化—动力驱动—产权改革—产业治理—乡风建设"的发展过程，逐步走上一条摆脱贫困，实现共同富裕的发展道路，村级集体经济不断壮大，基层党组织带动作用不断加强。

（一）穷则思变：塘约村的观念变化

2014年以前，塘约村同国内大多数贫困村一样，缺人才、缺产业、缺基础设施，村民大都外出务工，村内只剩下老人和孩子。2014年连续遭遇两场洪水后，村内大部分房屋和土地都被淹没，村民丧失了赖以生存的生产生活资料，土地颗粒无收，损失惨重。随后，在党支部书记左文学带领下，塘约村积极开展灾后重建。穷则思变，对于贫困到底的塘约村来说，重新组织起来，尝试走一条集体化改革创新之路成为摆脱当时困境的唯一出路。经由村民代表大会讨论后，村内成立"金土地合作社"，把农民土地集中起来，用活土地资源，采取干部先行，班子成员先承担风险的形式，取得农民信任。以村委会班子成员名义向农村信用社贷款110万元，村集体统一使用，确保了集体合作社的启动资金。

（二）党建引领：塘约村的发展动力

推行“党支部管全村、村民管党员”制度，通过积分制度管理村内所有党员，对村两委班子成员、村民小组长实行三级考评，对村委会工作实行三方监督，赋予村务监督委员会对村两委班子成员更大的监督权。确保对村干部和党员的考核更加公平、公正。村庄发展关键时期，党员干部身先士卒、主动揽责，群众拥护党组织，信任党员干部，抱团发展决心和共享式发展信心显著增强。

发挥村民主体作用，塘约村新设村民组委员会，架起党组织与村民群众沟通的桥梁。组委会既负责对内的自我教育、自我服务、自我监督、举办公益事业。同时也负有落实村两委各项决策、监督村两委班子成员的任务。塘约村把党小组设在村民组上，负责落实上级党组织各项工作，以及村党支部交办的各项任务。

成立村务监督委员会，在党支部书记左文学领导下，塘约村通过采取“六参与六监督”的措施，即参与村务讨论，监督是否务实；参与村务实施，监督是否落实；参与项目全程，监督是否廉洁；参与村级“三资”，监督是否规范；参与事务公开，监督是否真实；参与年终考核，监督是否公平，对塘约村日常涉及的各项事务进行全面监督，加强对村务工作监督，使村民在党支部领导下更多参与到村内事务的监督管理中。

习近平总书记曾经指出：“农村要发展，农民要致富，关键靠支部。”[①]塘

---

① 习近平. 习近平谈治国理政：第一卷. 北京：外文出版社，2018：190.

约村在党支部书记左文学领导下，通过多种形式把村民组织起来，提高了基层党组织的凝聚力与战斗力，发展了村级集体经济，形成村庄发展合力，带动了村庄经济的快速发展。

（三）七权同确：塘约村的产权改革

通过组建合作社，将村民手中的土地进行重新测量并确权登记，强化了村民土地承包经营的基础性地位，解决了村民土地归属不清的问题。同时，在上级支持下大胆开展农村集体产权制度改革，先通过确权实现赋权，为易权做准备，最终实现“资源变资产、资金变股金、农民变股民”的改革目标。既盘活了沉睡的土地资源，又顺应了产业发展对土地的需求，解决了经济发展所需资金和产权问题，巩固了集体所有权，维护了村民土地承包权。①

通过“确权”，对全村土地进行精准丈量，为每块土地的面积、形状、位置等信息建立“档案”，制作土地“身份证”，有效解决了长期以来产权不明晰的问题。明确村级集体财产属于全体村民，清晰每户农民和集体的资产权益。通过建立农村产权确权信息管理平台，明晰农村产权身份证，让农民把产权“揣”在兜里，初步形成土地所有权、承包权、经营权三权分置格局，为农村产权交易打下基础。

通过“赋权”，激活“沉睡的权能”，塘约村落实平坝区出台的《平坝区“三权”促“三变”改革试点工作实施方案》《平坝区开展农村产权“确权登记颁证”试点工作方案》《平坝区金融机构精准扶贫金融服务实施方案》等一系列配套文件，对如何探索农村产权制度改革先行先试。赋予农民对集体资产股份占有、受益、抵押、担保及继承等权利，同时对确权后的各类产权进行评估，确定其价值，赋予权利证书持有人在产权期限内按规定用途依法处

① 王宏甲. 塘约道路. 北京：人民出版社，2016：63-64.

置的权利，并配套相关政策措施予以保障。

通过“易权”，解决了长期以来产业发展对规模化土地的需求。塘约村建立土地流转管理服务机构和交易平台，组建了农村土地仲裁机构，开展了农村产权流转信息、合同指导、价格协调、纠纷调解等服务，引导农村产权依法、有偿、自愿和规范交易。积极发展多种形式的股份合作，引导农村集体所有的资源性资产和可经营性资产投入到公司或合作社，转变为村集体和村民持有股金。鼓励村民以土地承包经营权、林权、技术、资金等入股企业、合作社或其他经济组织，按股份获得收益。完善农信社、合作社、农户各方利益联结机制与风险共担机制，引导农村经济组织、公司、专业大户等产权主体通过各类产权抵押担保贷款，实现合作社、村集体及农户抱团发展。①

塘约村的土地确权明确了农户承担的权力和责任，明确了公共资源定位，防止了公共资源被侵占。同时聚集分散的资源、分解统一的产权、再造双层经营“统”的功能，推进农民由“分”到更高层次的“合”。②

（四）村社一体：塘约村的产业发展

塘约村在土地确权之后成立了“村社一体，合股联营”的综合性农民合作社——“金土地合作社”，社员将土地折价后入股，由合作社统一经营，解决了资源分散、土地闲置、个体抵御风险能力弱等问题。“金土地合作社”突破单一专业合作社、“公司+农户”的发展模式，集中人和土地两大资源，推动农村生产生活由分散式向集中规模化方式转变；合作社内组建运输公司、劳务输出公司等经营实体，吸纳村庄剩余劳动力。实行资金统一核算、土地统一规划、村干部统一使用、财务村务统一核算、农产品统一销售、美丽乡

① 冯道杰，程恩富. 从“塘约经验”看乡村振兴战略的内生实施路径. 中国社会科学院研究生院学报，2018，223（1）：22-32.

② 贵州省委政研室联合调研组.“塘约经验”调研报告. 贵州日报，2017-5-18.

村统一建设、红白喜事统一操办的“七统一”，更好配置全村资源，提高发展效率。[①]建立山地产业试验基地、优质水稻试验基地、共生经济作物基地，引进台湾蔬菜试验基地和学生营养餐蔬菜基地。打破单一从事农业生产的常规模式，建设山泉水厂和现代大型养猪场。解决了村民就业问题，原来全村800多名外出打工村民有700多名返乡就业创业。村集体享有对集体财产的分配权利。实行全村资金统一管理、资源统一规划、改革红利统一分享的模式，按照合作社30%、村集30%、村民40%的收益分配模式进行财产利润分成，形成村集体、合作社、农户三方共有财产的分配格局。

（五）红黑有约：塘约村的乡风建设

在产权及产业治理初见成效基础上，为加快推进塘约村的改革步伐，塘约村在村两委领导下，继续创新了乡风文明治理规则。一方面，加强制度建设。通过制定“红九条”与“黑名单”，让村民进行自我监督管理。所谓“红九条”就是指不参加公益事业、贷款不守信用、不孝敬父母、乱建房屋、不交卫生管理费、铺张浪费乱办酒席、不配合村委会工作、不执行村支两委重大决策、不教育未成年人。“红九条”每一条都是警戒红线，越过了红线，就会被拉入“黑名单”。进入“黑名单”后，三个月内村两委对该村民不办理任何手续，不予享受任何相关惠农政策，直至考察合格后取消“黑名单”。“红九条”与“黑名单”措施的实行，明确了什么事能做什么事不能做，提高了村民的整体素质，加强了村内精神文明建设，同时也加强了村内治理力度。为惩治“懒鬼、酒鬼、赌鬼”不文明现象，塘约村通过积分管理将“三鬼”行为与自身利益挂钩，并让“三鬼”参与村庄公益活动，如通过打扫公共卫生来增加积分；通过建立“组-村-村民”代表大会三级调解机制，实现了

① 冯道杰，程恩富. 从“塘约经验”看乡村振兴战略的内生实施路径. 中国社会科学院研究生院学报，2018，223（1）：22-32.

“矛盾纠纷零上访”。成立“红白理事会”，针对村内的红白喜事，由村集体提供餐具、厨具、厨师，免费操办红白喜事，治理过去在红白喜事上大操大办、大吃大喝等不文明行为。

进入新时代，塘约村以农村产权制度改革为突破口，以党建为引领，以德治法治自治为依托，通过重新组织起来发展三产走集体化道路，有效地解决了新形势下小农户与现代农业衔接的问题，小农户抵御自然和市场风险能力显著增强，降低了农业生产成本，形成村集体、合作社、农户强弱联合、共同富裕的发展格局。

三、“塘约模式”的经验启示

党的十九大报告指出要“深化农村集体产权制度改革，保障农民财产权益，壮大集体经济”。在党支部带领下，塘约村以人民为中心、依靠群众内生动力，坚持走集体经营的道路，逐步摆脱贫困，走上一条独具特色的实现共同富裕的道路，成为贯彻群众路线、依靠群众自身组织起来的力量逐步实现共同富裕的典范。其成功经验的启示主要包括以下几方面。

（一）实现共同富裕要保证党对农村工作的绝对领导

党政军民学，东西南北中，党是领导一切的。习近平总书记指出，“要把夯实农村基层党组织同脱贫攻坚有机结合起来，选好一把手、配强领导班子，特别是要下决心解决软弱涣散基层班子的问题，发挥好村党组织在脱贫攻坚中的战斗堡垒作用”。[①]中国共产党是中国特色社会主义事业的坚强领导核心，离开了党的领导，人民群众很难有效组织起来。同样，党管农村工作是我们

① 习近平. 在深度贫困地区脱贫攻坚座谈会上的讲话. 党建，2017（9）：6.

的优良传统。我们党成立以来就一直把依靠农民、为亿万农民谋幸福作为重要使命。

落实党对农村工作的绝对领导，是农村发展的重要问题。党、政、社、群的大融合、小分工，是塘约经验的重要特点，把农村党组织建设成坚强的领导核心，把党的领导融入村行政、合作社、公司和群众组织当中，各种组织按照专业化、市场化方式运行，既强化了农村基层党组织的领导力，又解放和发展了生产力，促进了经济快速发展。

一是保证党对农村集体经济的领导。如果党组织和集体经济组织“两张皮”，失去了对经济的领导权，那么党组织就无法起到领导和组织农民的作用，难以形成真正的领导力，村民要么是一盘散沙，要么被别的组织来领导，不利于维护农民的根本利益。因此，加强党对农村集体经济的领导至关重要。

二是保证集体经济性质。如果没有党的领导、没有党的纪律和群众路线约束，农村集体经济就难以发挥其实质性作用，要么弱化涣散、无法集中整合资源为农民谋利益，要么异化为小集团所有，广大村民享受不到集体所有制带来的红利。因此，发挥基层党组织作用，保证村集体经济性质，才能使村级集体经济的活力得以体现。

三是确保党的领导在村民自治中的作用。确保党的领导在村民自治中的作用，处理好村委会与村民之间的关系，才能使党支部更好地发挥其领导作用。只有切实为村民服务，从群众中来到群众中去，才能以党内民主带动村民自治，实现村庄的有效治理。

四是党的领导有利于加快实现共同富裕目标。“塘约模式”全民入社的形式区别于专业化合作社。专业化合作社作为一个企业，实行“强强联合”，即对于合作社有帮助的人和物才可以纳入，并实施分红，而“塘约模式”却是一定意义上的“强弱联合”，社内既存在有资产的村民，也包括灾后什么都没有的贫困户，只要是塘约人就可以进入，并进行就业、入股、分红，有利于带动更多人摆脱贫困，走共同富裕道路。

塘约村把党组织嵌入村民小组、合作社中，推动党组织延伸到农民群众生产生活第一线，让党组织在群众身边解难题，办难事。塘约村之所以能够在短时间内重新组织起来，关键就是在“山穷水尽”之后看到了党组织的力量，认识到走集体化道路才能逐步实现共同富裕，成为加强基层党组织建设，以党建促改革、奔小康的典范。

（二）实现共同富裕要尊重农民的主体作用和首创精神

农民是实现乡村振兴、促进全体人民共同富裕的主体，如果没有广大农民的热情参与，即使将乡村建设得再美丽，也背离了乡村振兴的宗旨。村民自治是发挥农民主体作用与首创精神，参与乡村治理的重要平台。“塘约模式”成功的重要经验就是在党支部领导下把村民群众组织起来，实现了自我服务、自我教育、自我监督。同时使基层领导干部处在村民监督下，密切党群关系，为集体经济、合作经济健康发展提供政治保障，避免了将乡村变成企业家的投资场以及企业家将农民的土地、山林和草场流转以后将农民排除在外的情况。为此，在土地流转中要充分保障农民对于土地的处置权、使用权和收益权，发展劳动者自由联合体作用。历史和现实都证明，单打独斗的小农经济越来越难以在日益商品化的世界中生存下去，只有把农民群体有效组织起来，发挥其自身优势，集中资金与技术，才能有效解决“小农户”与“大市场”的衔接问题，才能不断壮大力量，做自己历史和现实的主人，最终实现共同富裕。塘约村在几年的发展中，通过“七权同确”的实施，探索出一条农民实现民主管理的有效道路，巩固了村民发展主体和主人翁地位。同时，尊重农民群体的首创精神是实现治理创新的重要方法。理论来源于实践，改革开放伊始，我国农民就创造性地提出家庭联产承包责任制，由此拉开农村经济体制改革大幕，激发亿万农民劳动积极性。当前，农村发展处在关键转型变化期，更应该尊重广大农民首创精神，只有充分相信群众、依靠群众，才能不断创新治理方式。“塘约模式”以其成功的实践深刻地表明，要有敢为天下先的魄力，解决实际问题的导向，才能创造性地创新农村各方面体制机制。

村社共同体作为党领导下的基本形式，为组织农民开展生产提供政治保障，社会主义理想信念为农民组织起来提供精神动力，合作经济的发展为农民组织起来提供物质基础。坚持村社一体化发展，促进村社共同体“经济发展、社区建设和社区治理”，实现“产权、财权、事权和治权”四权统一，才能再造统分结合双层经营的农村经济体制，真正实现在党的领导下实现村民自治。塘约村通过在“村民组委员会”上设立党小组，成功把党的领导落实到每个农民身边，形成组织化集体，使得社情民意有了表达的组织载体和制度化渠道。

（三）实现共同富裕要对农村集体经济与合作经济进行改革

发展壮大农村集体经济制度是实现邓小平关于农业生产“两次飞跃”的重要前提。新时代，要朝着共同富裕的目标不断迈进，需要不断发展壮大农村集体经济。塘约村通过设立村民组委员会、党小组，加强了党组织与村民的联系，通过设立农民合作社，发展集体经济与合作经济把村民组织起来，使村民与村庄形成利益共同体。实践证明，只有充分发挥农村基层党组织作用，保证农村改革的社会主义方向，大力发展集体经济与合作经济，才能为共同富裕的实现打下坚实的物质基础。

一要充分发挥集体经济与合作经济优势。与私营经济相比，集体经济具有广泛吸收社会资金、适应社会化大生产、增加公共积累和国家税收的重要作用。发展和壮大集体经济不仅能够帮助和扶持社会弱势群体，更能发挥公有制的主体作用，促进共同富裕实现。塘约村通过引导农民自愿把承包的土地、山地、林地、宅基地以“资产”形式流转给集体，走“村社一体，合股联营”发展道路，依托集体化、组织化的力量，实现从小农经营到社会化大生产的转变，提升了小农生产经营组织化程度。集体经济的发展壮大，不仅促进了塘约村经济发展，使其从省级二类贫困村快速发展成“小康示范村”，更对吸引外出务工村民返乡就业、提高村民生活质量方面具有重要意义。

二要提升管理水平与能力，提高农村集体经济经营效率。农村实现集体化道路，不能用强制的办法，必须拿出切切实实的实惠，创造出比个体单干更丰富的物质财富。而在市场经济条件下，集体经济、合作经济发展的水平，很大程度上取决于采用何种具体的经营管理形式。一方面集体经济内部需要实行民主管理，让群众真正当家作主，增强其主人翁意识，发挥建设家园的积极性、主动性、创造性；另一方面也要大胆吸收借鉴先进的组织管理方式，选好配强集体经济领导班子。要实现全体人民共同富裕，就要走适合中国社会主义农村发展的道路。

（四）实现共同富裕要大力发展农村教育文化事业

发展农村教育是解决中国“三农”问题的关键。中国教育发展不平衡不充分的问题在农村尤为突出。要实现共同富裕，只有物质的文明是远远不够的，更深厚更持久的力量是来自精神文明。而拥有良好的精神文明，一定程度上又可以提高人民的科学文化素养和思想道德素质，创造出更多的物质文明。教育发达→科技进步→经济振兴是一个相辅相成、循序递进的统一过程，其基础在于教育。塘约村的成功就在于把发展文化教育事业与经济发展统一起来，实现物质文明、精神文明齐头并进。

以社会主义核心价值观引领乡村文化，为实现共同富裕提供精神动力。实现共同富裕，不仅需要客观物质水平提升，更离不开广大干部群众思想观念、精神追求的不断改造与提升。新时代乡村文化建设中，要以社会主义核心价值观引领村庄文化建设，用中华优秀传统文化反哺乡村振兴，让革命文化在乡村薪火相传，结合实际培育具有自身特色的乡土文化，让乡村文化成为农民自身内在的精神追求和自觉行动，为更好地实现全体人民共同富裕贡献精神力量。

大力发展农村教育文化事业，为实现共同富裕提供思想保障。习近平总书记指出“扶贫必扶智，让贫困地区的孩子们接受良好教育，是扶贫开发的重要任务，也是阻断贫困代际传递的重要途径”，深刻强调了“穷”和“愚”互为因果的恶性循环。要摆脱贫困，必须先破除思想和意识的贫困，塘约村坚持扶贫与“扶志”“扶智”同步，成立综合培训中心和塘约道路讲习所，邀请专家学者进村讲学授课，提高农民文化素质和合作社管理水平；村庄出资建立覆盖从小学到大学的学生教育资助体系，对困难家庭学生给予生活补助，帮助村民从思想上拔掉“穷根子”。

第三节　高质量发展迈向共同富裕的“浙江示范区”

中国共产党带领全体中国人民追求共同富裕有着自己的坚韧和智慧，从脱贫攻坚、全面小康再到共同富裕，既符合经济社会发展水平由低到高的一般性规律，又满足人民对美好生活向往的基本要求。探索形成共同富裕的体制机制，建立共同富裕示范区，是脱贫攻坚任务完成后我们党带领全国人民迈向共同富裕的重要举措。习近平总书记在省部级主要领导干部学习贯彻党的十八届五中全会精神专题研讨班上指出：“根据现有条件把能做的事情尽量做起来，积小胜为大胜，不断朝着全体人民共同富裕的目标前进。”因此，在特定范围内率先推动共同富裕示范区建设，能够明确未来推动共同富裕取得实质性进展的重点方向，积累可供更大范围内借鉴推广的经验。

一、“浙江示范区”的提出

2020年3月，习近平总书记在浙江调研考察时赋予浙江“努力成为新时代全面展示中国特色社会主义制度优越性重要窗口”的新目标、新定位。2021年5月20日，中共中央、国务院出台的《中共中央 国务院关于支持浙江高质量发展建设共同富裕示范区的意见》（以下简称《意见》）指出，必须把促进全体人民共同富裕摆在更加重要的位置，向着这个目标更加积极有为地进行努力。针对各地推动共同富裕基础条件不同的现实，选取部分地区先行先试、做出示范，提出支持浙江高质量发展建设共同富裕示范区的基本指导思想、五大工作原则、四大战略定位、七个方面，以实现2025和2035两阶段发展目标，即“到2025年，浙江省推动高质量发展建设共同富裕示范区取得明显实质性进展”和“到2035年，浙江省高质量发展取得更大成就，基本实现共同富裕”，为浙江高质量发展促进共同富裕提供了强大动力和根本遵循。

浙江结合本省特色，全面落实《意见》内容，细化落实七大发展目标，忠实践行“八八战略”、奋力打造“重要窗口”，把握“五大工作原则”、明确“四大战略定位”、落实“七个方面”，制定了《浙江高质量发展建设共同富裕示范区实施方案（2021—2025年）》（以下简称《方案》），从7个方面、52条目标要求发力，明确构建起高质量发展建设共同富裕示范区的现实路径，确定首批共同富裕示范区试点建设的六大领域、28个试点，设定推动促进共同富裕的浙江时间表，省、市、县不同层面探索建立高质量发展建设共同富裕示范区评价体系和目标指标体系，以“123”总体思路带动26个县实现跨越式高质量发展，率先探索建设共同富裕美好社会的浙江示范，推动“全体人民共同富裕迈出坚实步伐”。

二、“浙江示范区”的现实基础

习近平总书记在《扎实推动共同富裕》中提到：“要抓好浙江共同富裕示范区建设，鼓励各地因地制宜探索有效路径，总结经验，逐步推开。”当前，浙江已经成为高质量发展建设共同富裕示范区的排头兵，在探索解决发展不平衡不充分问题方面取得明显成效，为促进全体人民共同富裕奠定了基础。

（一）富裕程度较高，经济发展水平位居全国前列

藏富于民是共同富裕取得重要进展的突出表现，人均国内生产总值和人均可支配收入是衡量藏富于民的重要指标。浙江在建立高质量发展共同富裕社会时围绕人民“富裕”做足功夫，2021年浙江地区生产总值为7.35万亿元，全国排名第四；人均国内生产总值达11.39万元，经济发展水平位居全国前列；居民人均可支配收入5.75万元，仅次于上海和北京，是全国平均水平的1.64倍；城乡居民收入分别连续21年和37年居全国各省区第1位，全省人民富裕程度较高。同时，浙江民营经济发展充满活力，经济实力持续壮大、产业结构持续优化、发展韧性持续增强、发展活力持续迸发、社会贡献持续提高，成为浙江发展的主力军、转型升级的排头兵、平稳发展的压舱石。2021年，浙江省民营经济占经济总量的67%，民营经济就业人员占就业人口总数的73%，其中个体私营经济发展尤为迅速，增加值现价增速15.4%，占经济总量的64%。民营经济发展成为浙江富民强省的重要名片。

（二）城乡人口较为均衡，省际人口流动稳定

共同富裕是以人为核心的城乡融合的富裕，人口流动稳定是其取得进展的重要表现。在探索解决发展不平衡不充分问题时充分结合省情基础和优势，

依靠本省的“七山一水二分田”，实施“山海协作”“飞地经济”，以地尽其能推动示范区建设。浙江全省有2个副省级城市、9个地级市和53个县（市），2021年浙江全省常住人口6 540万人，比上年末增加72万人，人口增速趋于平稳，常住人口的数量较为稳定，城乡人口较为均衡。2021年，浙江省城乡收入倍差为1.94，仅高于天津、黑龙江两地，远低于江苏、广东等发达省份，更低于全国2.50的平均水平，最高最低地市居民收入倍差为1.61，是全国唯一一个所有设区市居民收入都超过全国平均水平的省份，为统筹城乡发展奠定良好基础。

（三）发展均衡性较好，差距显著缩小

共同富裕是以“共同”为前提的富裕，强调均衡性、共享性。浙江紧盯缩小地区、城乡、收入差距，制定实施先富带后富“三同步”行动方案，实施居民收入和中等收入群体双倍增计划，大力推广“GEP论英雄”改革、“大下姜”乡村联合体共富模式，探索党建统领先富带后富实现共同富裕的机制和路径，致力于带领全省人民迈向共同富裕。收入分配格局持续优化。2021年浙江省非私营单位就业人员年平均工资为122 309元，扣除价格因素增长10.9%；私营单位就业人员年平均工资为69 228元，扣除价格因素增长12.7%，远超全国平均工资水平。省域内区域发展差距不断缩小。5年来，浙江通过深化“八八战略”，升级山海协作工程，不断完善政策保障，使沿海地区和山区的经济获得新发展，全省共实施山海协作产业合作项目近2 000个，到位资金约2 500亿元；9个山海协作工业产业园、18个生态旅游文化产业园、79个“飞地”园区开工建设，实现山区26县共建平台全覆盖。2021年，山区26县全体及城乡居民人均可支配收入分别相当于全省平均水平的73.2%、78.4%和78.4%，分别比2016年提高2.0、0.5和1.8个百分点，与全省相对差距持续缩小。

（四）社会治理较为领先，注重公共服务优质共享

优质共享的公共服务是检验共同富裕发展程度的重要指标，也是衡量用富于民的重要标准。浙江政府服务体系完善且具有较强的改革意识。以数字化改革推动提升服务水平、提升服务效率。政务服务事项掌上可办比例达80.5%，跑零次可办比例达97.4%，“一证通办”民生事项比例达91.4%，简洁高效的服务效率对于提升公共服务水平、提升公共服务建设效率具有积极推动作用。同时，浙江在推动建立共同富裕示范区时注重自上而下创新改革，加大公共服务投入，进行“四好农村路”、达标饮用水、农村集体产权制度改革、农业转移人口市民化集成改革，持续发展了“依靠群众就地化解矛盾”的“枫桥经验”，建成了列入SUC联合国可持续社区标准试点的“莲花乡村国际未来社区”，打造了全面从严治党的“后陈经验”，在市场经济、现代法治、富民惠民、绿色发展等多个领域也取得了显著成果，探索破解了诸多公共服务城乡共享和社会治理难题，及时总结提炼了共同富裕示范区建设的成功经验和制度模式，让城乡居民切实感受到了发展成果共享，提高了群众的幸福感和满意度。

（五）文明全面提升，新时代文化高地建设基本成型

精神自信自强是共同富裕的鲜明特色，人民精神生活丰富、社会文明进步、人与自然和谐共生是共同富裕的重要表现。一是浙江拥有独特的文化名片，具有良好的文化积淀。二十世纪八九十年代，浙江人民以勤劳致富、积极进取的精神状态发展市场经济，家家户户参与创业，形成了浓厚的创业文化，最终推动了生产力的发展，达到了富民强省的效果。全民创业的文化氛围、义利并重的文化传统、不断提升的物质生活，造就了浙江浓厚的共同富裕的文化积淀。创业文化和共富文化对消除市场经济追求个人利益、推动社

会和谐具有重要意义。二是注重对文化建设的持续投入。利用数字经济加强对新时代文化高地建设，打造“文E家”“文化礼堂家”等应用场景，构建“8090”新时代理论宣讲平台，持续投入文化建设事业，复兴“千年古城”，纵深推进“诗画浙江·百县千碗”工程，培育“浙江有礼”省域品牌，截止到2021年末，全省县级以上公共图书馆102个，文化馆101个，文化站1351个，博物馆406个，世界遗产4个，县级文化馆和图书馆覆盖率均达100%，乡镇文化站和行政村文化活动室覆盖率均达100%，公共图书馆虚拟网络基本全覆盖，居民综合阅读率为90.9%，文明好习惯养成实现率为81.36%，城市文明程度指数为89.02%，国民文化素质达到世界中上水平，人文精神凝聚力显著增强，国民素质和社会文明程度明显提高。三是注重专业人干专业事。文化建设是一项长期工作，需要投入大量的时间和精力。如果只是制定规则、投入资金很可能无法取得较好的效果。浙江省注重专业人干专业事，设定专门岗位加强文化建设，已经初见成效，对于打造新时代文化高地作用显著。

（六）注重顶层建设，促进共同富裕的顶层设计较为完善

中央部署后，浙江省委、省政府以高度的使命担当，统筹谋划共同富裕示范区建设，构建起共同富裕示范区的“四梁八柱”。2021年6月，中国共产党浙江省第十四届委员会第九次全体会议通过《浙江高质量发展建设共同富裕示范区实施方案（2021—2025年）》，省政府在充分调研民意的基础上设立了7个一级指标、114个二级指标在内的指标体系，各市、县政府在省政府指标的基础上根据本区实际情况加入相应指标，围绕4个体系、6大领域、7个方面、28个试点、26个县，以数字化改革撬动共同富裕体制机制创新取得重大突破性成果，建立涵盖促进共同富裕的收入和财富分配机制、公共服务优质共享机制、省域一体化发展机制、财税、社保、转移支付、金融、土地等政策制度，设定推动促进共同富裕的浙江时间表，初步绘制了浙江促进共同

富裕的目标体系、工作体系、政策体系、评价体系，为在高质量发展中促进共同富裕提供参考标准。同时，浙江富民强省的氛围较好，为全体人民共同富裕提供了强有力的支撑。浙江以服务型政府为政务改革的目标，将有效市场与有为政府相结合，形成“小政府、大市场”的民营经济与藏富于民发展模式，弘扬浙商精神、企业家精神，通过“品质浙商提升工程”“浙商青蓝接力工程”、新生代企业家“双传承”计划，推进企业家回乡，省内形成良好的致富氛围。

三、“浙江示范区”的实现路径

国家支持浙江高质量发展建设共同富裕示范区，既表明浙江已经具备实现共同富裕的基本条件，又表明实现共同富裕需要不断探索。按照《浙江高质量发展建设共同富裕示范区实施方案（2021—2025年）》以及“每年有新突破、5年有大进展、15年基本建成”的安排，全面落实《意见》所要求的“两阶段发展目标”。随后，浙江围绕26个山区县加快发展出台了一系列的行动计划和实施方案。

（一）明确共同富裕示范区的战略定位

明确共同富裕示范区的战略定位是“浙江示范区”的前提与基础。在共同富裕示范区政策出台前，中央明确提出浙江共同富裕示范区的四个战略定位，即高质量发展品质生活先行区、城乡区域协调发展引领区、收入分配制度改革试验区、文明和谐美丽家园展示区，对浙江省建设共同富裕示范区具有重要指导与规范意义。

明确共同富裕示范区的战略任务。当前，我国发展不平衡、不充分的问题仍然突出，促进全体人民共同富裕仍然是一项长期而艰巨的任务。建设共同富裕示范区的战略任务便是在特定区域利用已有基础和条件在推动共同富裕取得实质性进展方面先行示范，做出表率，既增强全体人民走共同富裕道路的决心，也为在全国范围内推动共同富裕取得实质性进展提供有益的经验与参考。

明确共同富裕示范区的发展战略。浙江省委、省政府从整体谋划，逐步构建起共同富裕示范区的“四梁八柱”，明确了“四率先三美”发展目标与“七个先行示范”的发展路径。在组织引领方面，省委、省政府以组织变革带动社会变革，为共同富裕示范区建立、发展提供强有力的组织保障。浙江省委组建省委社会建设委员会，与省发展改革委合署办公，在“跳出浙江发展浙江”目标引导下，持续推进“八八战略”的深入实施，使原有战略优势继续累积。

（二）准确把握共同富裕示范区的重点和难点

共同富裕示范区建设的重点是瞄准农村居民、城市低收入群体和外来农民工群体，围绕解决收入分配、公共保障、人居环境和文化生活等发展短板问题开展各项工作，成为破解浙江发展不平衡和不充分难题、逐步缩小城乡差距和收入差距、提高居民生活水平、实现城乡公共保障与基本公共服务均等化的主要抓手①。

浙江共同富裕示范区建设的难点，主要是解决好收入分配或居民收入差距悬殊问题。一方面，要解决经济社会的结构性矛盾，主要有城乡二元结构矛盾、国民收入分配的结构性矛盾、需求侧和供给侧结构性失衡的矛盾。部分地区先富起来的同时，基尼系数也在不断上升，超过了一定的临界值，致使国民收入分配的结构性矛盾凸显。体制机制供给不足造成需求侧的结构性

① 黄祖辉，傅琳琳．浙江高质量发展建设共同富裕示范区的实践探索与模式解析．改革，2022（5）：21-33.

矛盾，新旧增长动力难以有效接续导致供给侧的结构性矛盾。需要在共同富裕示范区建设中转换经济增长的动力结构，解决好消费需求不足的问题，让消费需求拉动经济增长，通过发展资本密集型和技术密集型产业，以中高端产业的增长带动经济增长。另一方面，要找准低收入群体增收的有效途径，加快产业发展，提高低收入群体收入，逐步改革农村集体经济制度和产权结构，解决好发展不平衡不充分问题。

（三）完善加强先富带后富的机制探索

改革开放之后，邓小平根据我国发展的实际情况，制定、实行了非均衡发展战略，允许一部分人、一部分地区率先发展起来，最后带动全体人民、全部地区实现共同富裕的生活。改革开放40多年的发展创造了经济奇迹，我国消除了困扰中华民族几千年的绝对贫困，全面建成了小康社会，实现了一部分地区、一部分人先富起来的目标。然而，在先富起来的过程中，出现了收入差距、城乡差距、区域差距等问题，因此，下一步发展的重点需要转向共同富裕，即先富的人带动更多人致富、先富的地区带动更多地区致富，探索这种转变的路径和制度成为浙江共同富裕示范区的重要方向。

确立共同富裕导向，落实共享发展理念。在社会发展过程中，导向作用尤为重要。改革开放以来，浙江在先富带后富导向指引下，掀起了全民创业的浪潮，形成浙江特有的创业文化，实现经济快速发展。因此，促进全体人民共同富裕时期，要充分发挥政策导向的作用。一方面，要在全社会倡导和树立起共同富裕思想，使共同富裕的观念成为全社会人民自觉的行动指南。另一方面，促使共享发展理念的作用逐渐释放。共享发展是实现共同富裕的重要手段，是对“效率优先、兼顾公平”的发展与提升，促进全体人民共同富裕，需要深入贯彻共享发展理念。

细化共同富裕的发展目标。国家“十四五”规划和2035年远景目标纲要提出，“十四五”时期全体人民共同富裕迈出坚实步伐；到2035年，全体人民共同富裕取得更为明显的实质性进展等展望与要求；党的十九大报告指出，到2050年全体人民共同富裕基本实现。浙江共同富裕示范区要在这个目标的指导下具体细化发展目标，积累不同时期小目标制定的经验，通过实现一个个小目标，逐步积累共同富裕的优势，朝着共同富裕的方向稳步迈进。

探索建立先富带动后富的体制机制。制度的建立对于先富带动后富，促进全体人民共同富裕具有更加长远的作用。浙江虽然围绕高质量发展建设共同富裕示范区出台相应的实施方案，明确了示范区建设的任务书、时间表、路线图，但是对于进一步完善共同富裕的体制机制和政策框架，打造更富活力创新力竞争力的高质量发展模式，发挥社会、企业的作用，形成多元主体力量，构建先富带动后富的帮促机制，需要出台更加具体的实施细则。

（四）探索缩小差距的实践模式

围绕缩小地区、城乡、收入差距，浙江共同富裕示范区制定实施了“三同步”行动方案，深化收入分配制度改革，多渠道增加城乡居民收入，科学界定中等收入群体的标准，加快形成以中等收入群体为主体的橄榄型社会结构，明确初次分配、二次分配和三次分配的区别，促进有效市场和有为政府相结合，拓宽先富带后富、先富帮后富的实践路径。

自2003年浙江提出“八八战略”以来，之后的历届省委省政府都认真践行“八八战略”，将区域协调发展作为重要任务，持续的政策保障为浙江经济快速发展提供有力支撑。近年来，浙江通过产业园区建设，以产业集群带动区域发展，为区域协调发展创造新的支撑点。加强省内基础设施建设，推进省内基础设施一体化，构建1小时交通圈。

浙江不断缩小城乡差距，推动城乡融合发展，率先推行户籍制度改革、推动市民集成化改革，消除城乡之间不合理的制度安排。加大对农村地区的投入，推动优质公共服务向乡村延伸，使农村和城市共享改革发展成果。推动乡村改革向深水区发展、实施强村富民行动，推动村级集体经济的发展，提高农村居民收入，把乡村振兴的优势转化为共同富裕的胜势。